14 — S — ANTON — 003934 [illegible] 2

15 — S — Sahosa — Falar/Sug. Vie[illegible] ca.
(1 9,

16 — D — Fernando Silva. (2[illegible]

17 — S — Bruxelas — Koltux. — 12.50 — 19.25

18 — T — Conf. 11,30 Bruxelas Beskecte — 12.

19 — Q — 12h — 13,30 ~~Porto~~ (Lx) — Jardim d'Lagos Bux.

20 — Q — 1 — Lx — 2245 Porto. → 11h — Arminhana Rio.

21 — S — 2 — Conf. Exporesz (18h) — Jantar.

22 — S — 3 — Jantar Nicola / Milar c/ Rui

23 — D — 4

24 — S — 5 — ? — ótimo

25 — T — 6 .

Rua Coelho da Rocha 69.

9172303 51

Soc. de J.PAB. advogados. Av. Conde de Valbom 6 — 9º 17/30

26 — Q — Porto Frank. — 4A — Conf. (18h) MIES.

27 — Q — 14,30 — 16,10

28 — S — 1 Dusseldorf — Milano.

29 — S — 2 — Milano (City-Life) 10h

30 — D — 3 — 13h — Almoçar Jufbar / 14,30 — Té / 16h — Rocha.

31 — S — 4 — ótimo

NOVEMBRO

1 — T — 5 — 15.25 — Porto — 17.55 Bordeus

2 — Q — Berlim — Bordeus Paris Berlim

3 — Q — Berlim — Conferência 18h

4 — S — Berlim — 18.20 Berlim — Frank. 19.35. — Frank. — Porto 21.75 23.10

T2

3 4 - S - 8h - (Carioca [?]) / Bemposta. - DIAS - 968689527 [?]
adalberto 966008862

5 - S

6 - D - Nápoles 8.15 / Roma 12.50

7 - S → ~~Milão~~ Napoli

8 - T - Nápoles 8,35 - / Roma 9.42 / 13.35 / - 15.40

9 - Q - 11h - P. Marques / 12,30 - [illegible] / 13,30 Tavares. 16h - Porcela [?]
18h - Santo Tirso.

10 - Q
11 - S
12 - S
13 - D
Marselha

14 - S - Viana - Vigo.

15 - T

16 - Q
17 - Q
18 - S
Nova York

19 - S

20 - D - 12h - Zefanito [?] / 15h - Lima / Rui [illegible].

21 - S - Macedo [?] / Lamas [?] / E.D.P.

22 - T - .

23 - Q - 20,30 - Jorge Braga

24 - Q

25 - S

26 - S

27 - D Milão

Milão

Milão

4

28 — S — Milão / Kendall . — 917337413.

29 — T — Paris → Guimarães

30 — Q — Paris — Chiziane

DEZEMBRO

1 — Q — Paris — 10h / Madalena — 4,30 — Ninney / Mitsud.

2 — S — 11.45 / Orly — 13.10 — Lx — Óbidos — 9h Zé

3 — S — 17,30 — 18,25 (Porto) — Jantar Tiz / Irmão

4 — D — 12 h Sérgio Roche — 13,30 — Rui Frota — 19h Camilo

5 — S

6 — T

7 — Q

8 — Q

9 — S — China?

10 — S —

11 — D — Lx. 12h — 16h — Rosa Santos.

11,30 Tó Bagalho — 18h — Rui 18h — Secul.

12 — S — 13h Óbidos / 18,12 — Santarém / Porto.

13 — T —

14 — Q — 12h Baviera.

15 — Q

16 — S

17 — S

18 — D

19 — S

20 — T

21 — Q

22 — Q

23 — S

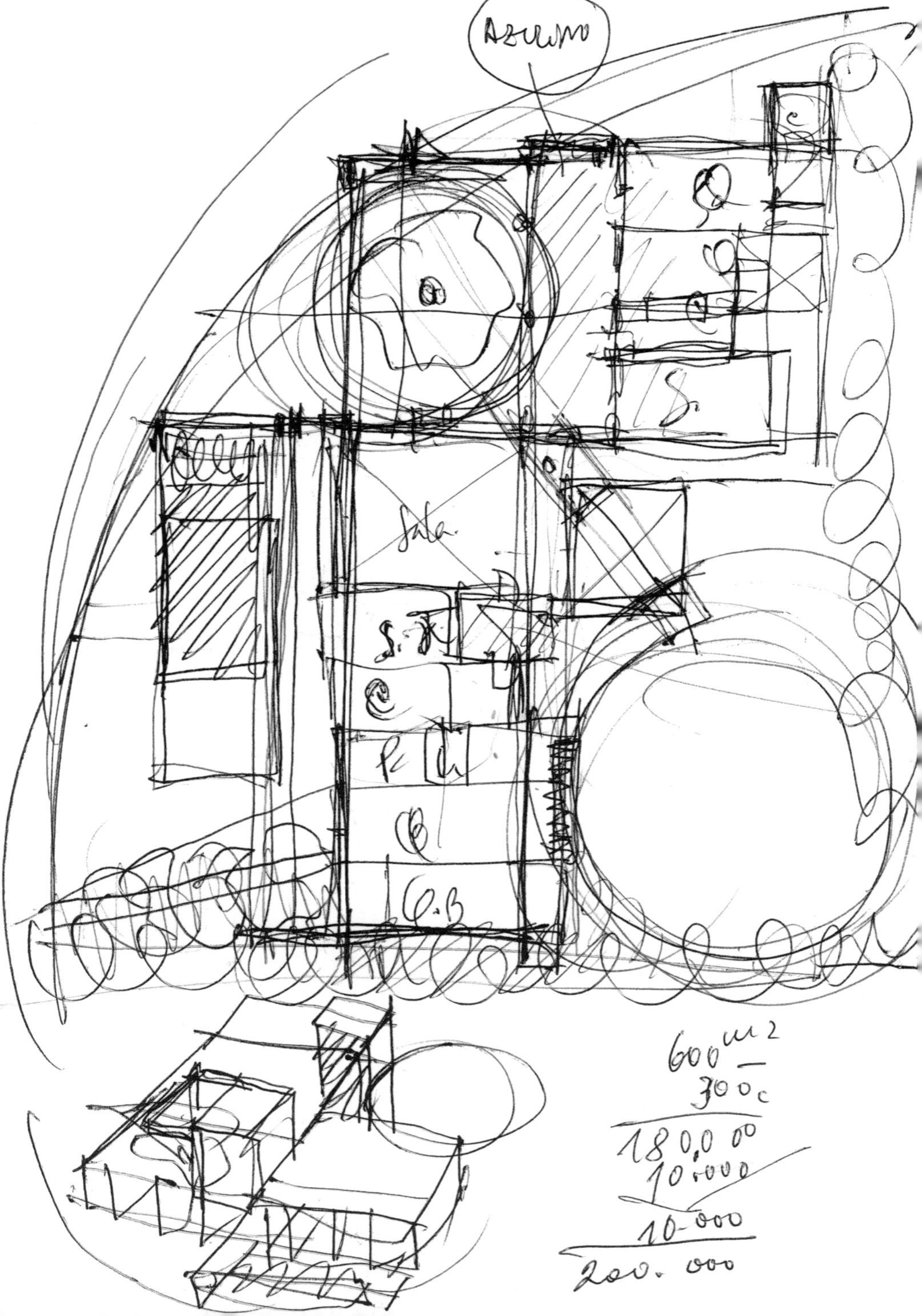
Azzurro
Sala
S.
P.
C.B
600 m2
300 €
180.000
10.000
10.000
200.000

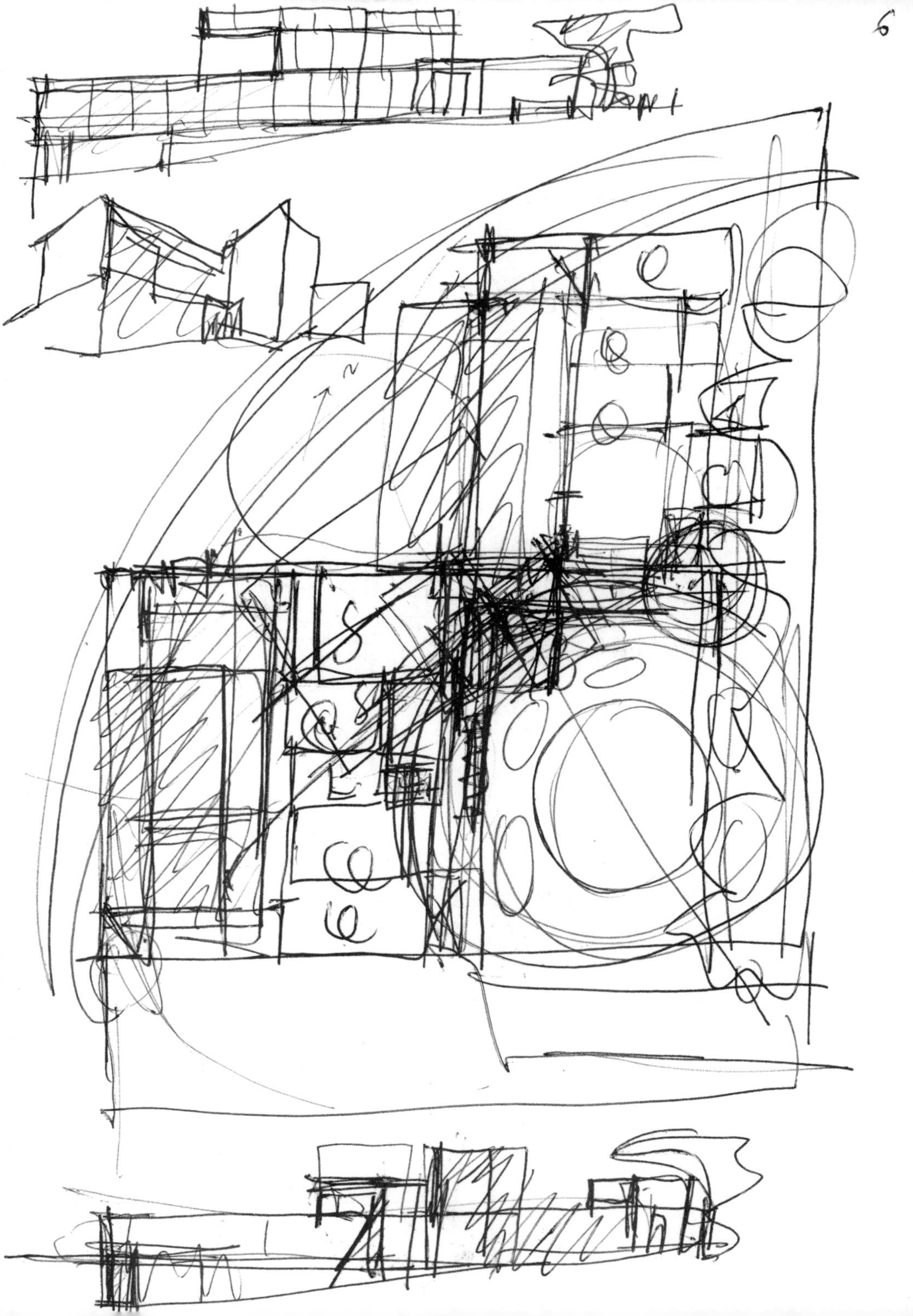

7

Siza

Ed

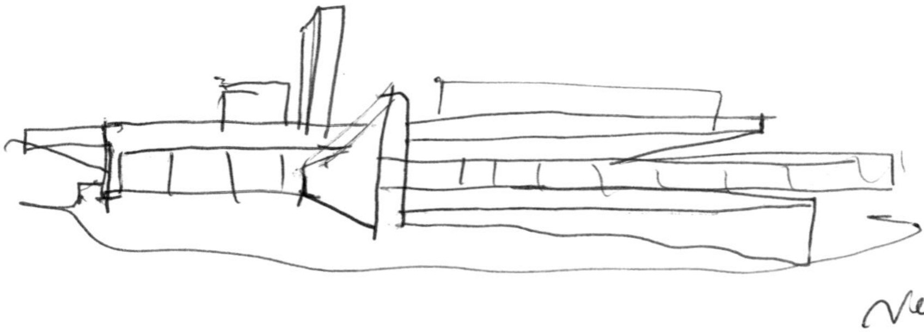

Neutra + Mies

1) Dinamarca
→ Jacobsen ⇄ cidade / arredores ① → Q
→ Utzon → Casas pátio ② → S

Suécia
→ Lewerentz ③ ④ S D

2) Peixoto – tudo a 90°

9/ Escrever Cartas – Tokyo / Dom 25-9

1) Varela.
2) Daniel.
3) Arq. Daniel.
4) Bombing.
5) Ana Azevedo.
6) Dick Desenhos
7) Lavajo "

Projectos

1- Escrever carta à Câmara de Loulé. + PEIXOTO
2- Câmara Santo Tirso
3- S. Mamede / casa. <– amig. Telheira / Engenheiro
4- Janela Alves – Barcelona
5- André – Aniversário.
→ 1) simões.
→ 2) Exposição.
6- Tiago Figueiredo – 1) Cartas das Bermudas
7- Prata – falar Hervé.
– " Desilhas.
8- Ana – Zeca – Casas.

9 - ELISA - casa Duca.

10 - GUIMA - Matemáticos.

11 - MARIANO - Spedas.

12 - COELHO - Hospital / telefonar.

13 - LIMA - graça Mira.

→ Cafés.

14 - PEDRO - Concurso.

15 - JORGINHO - Hotel.

16 PEIXOTO - Italia

0/010/351/ 962416264

11

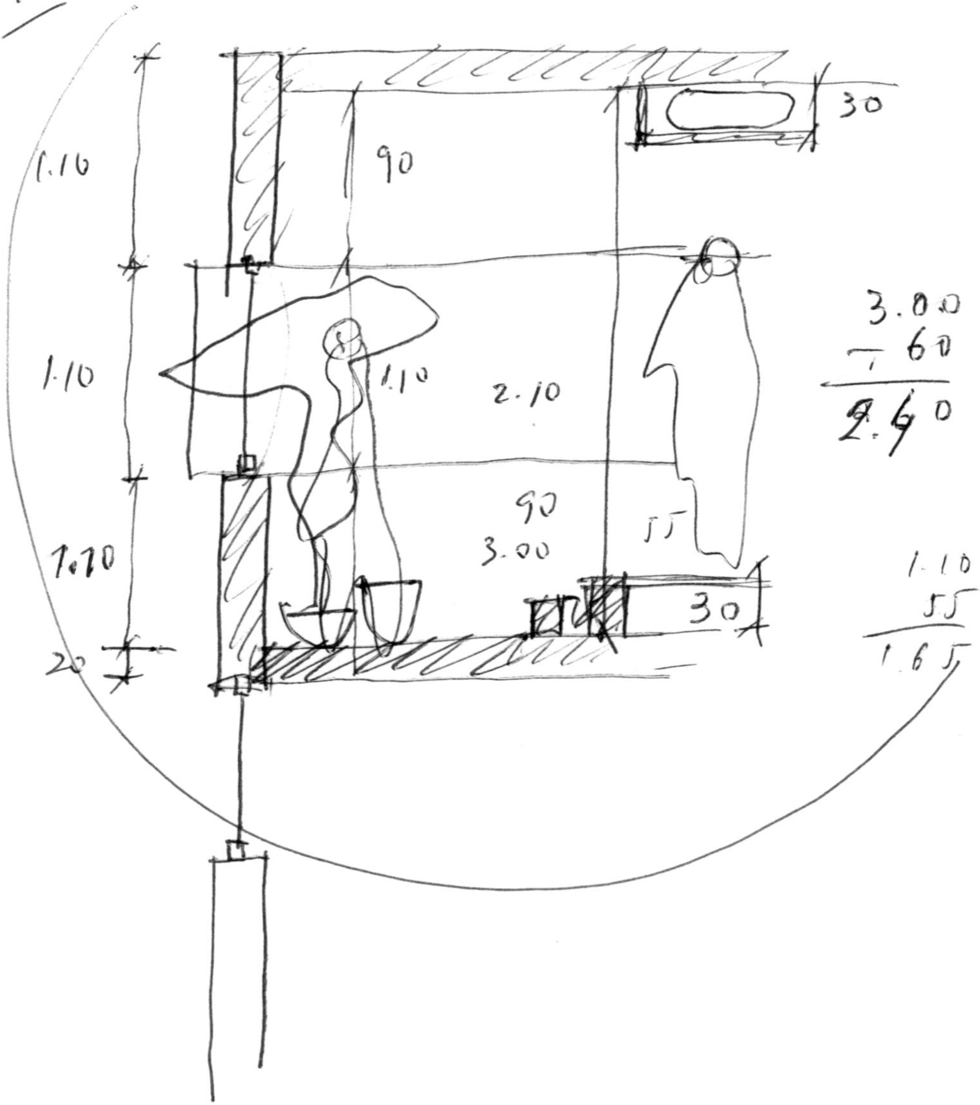

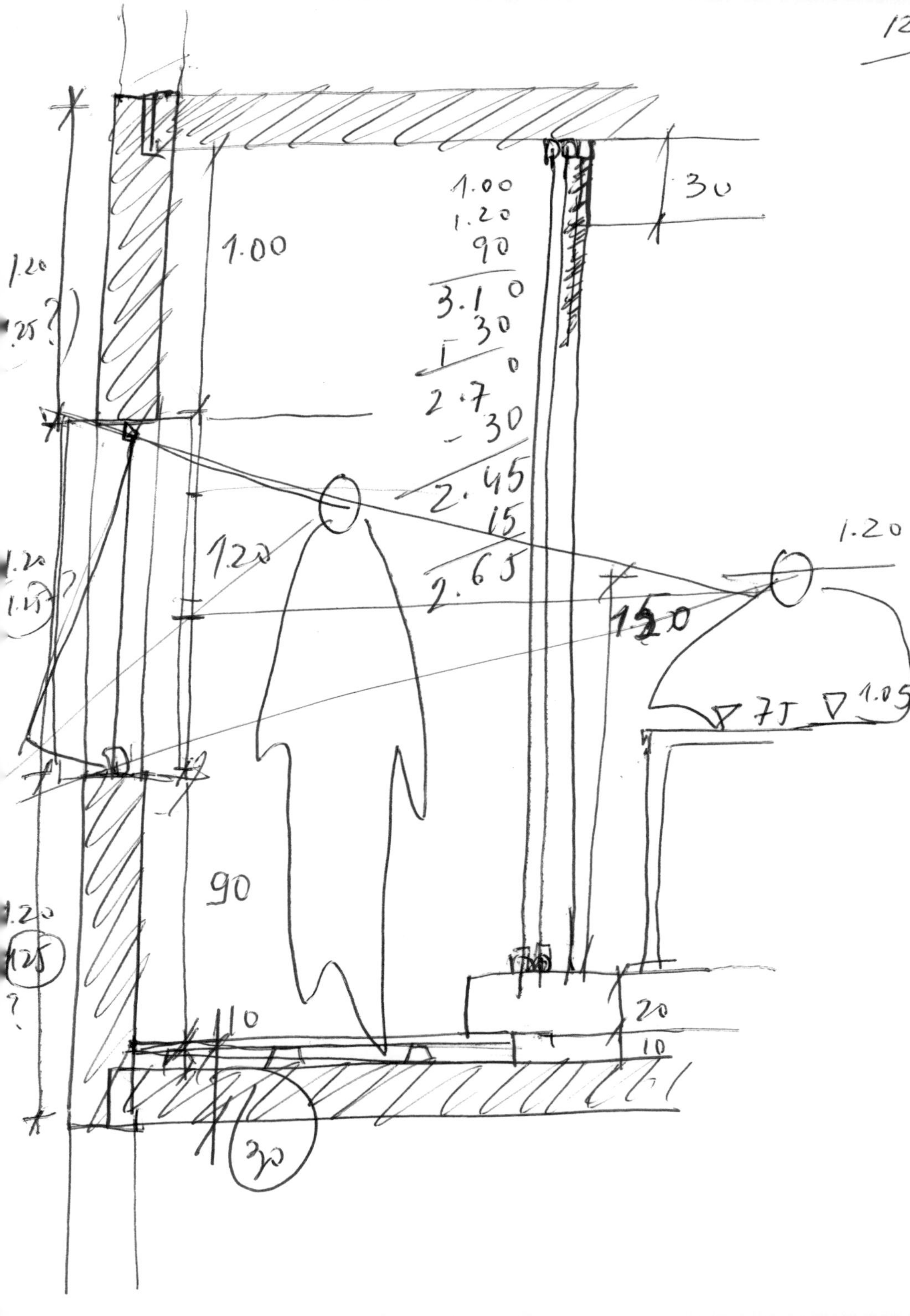
30
1.00
1.00
1.20
90
3.10
30
2.70
30
2.45
15
2.65
1.20
1.25?
1.20
1.20
1.15?
1.20
150
75
1.05
90
1.20
1.25
10
20
10
30

13
só se houver uma grande diferença
Cama

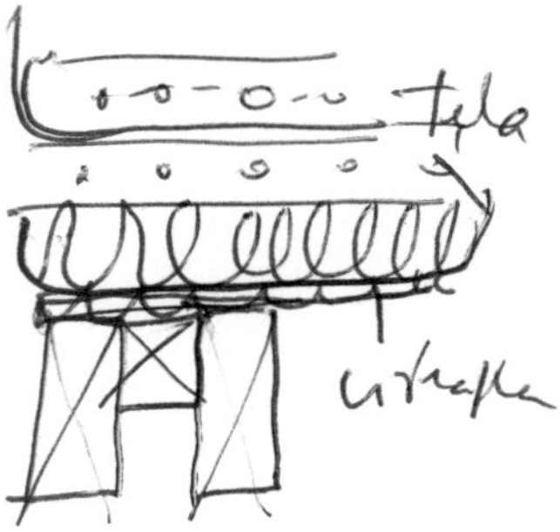

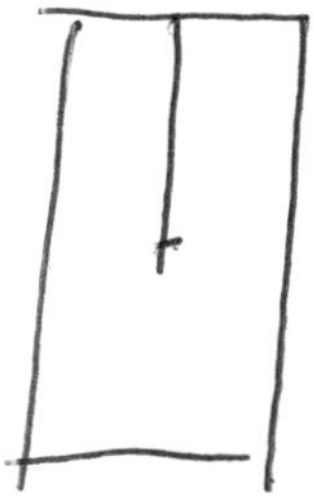

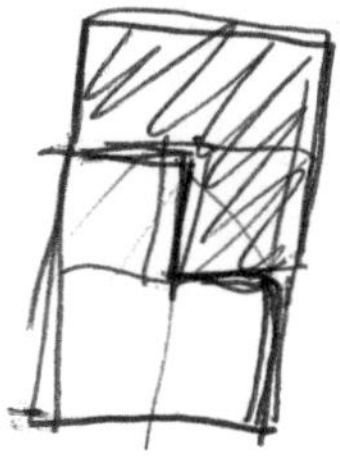

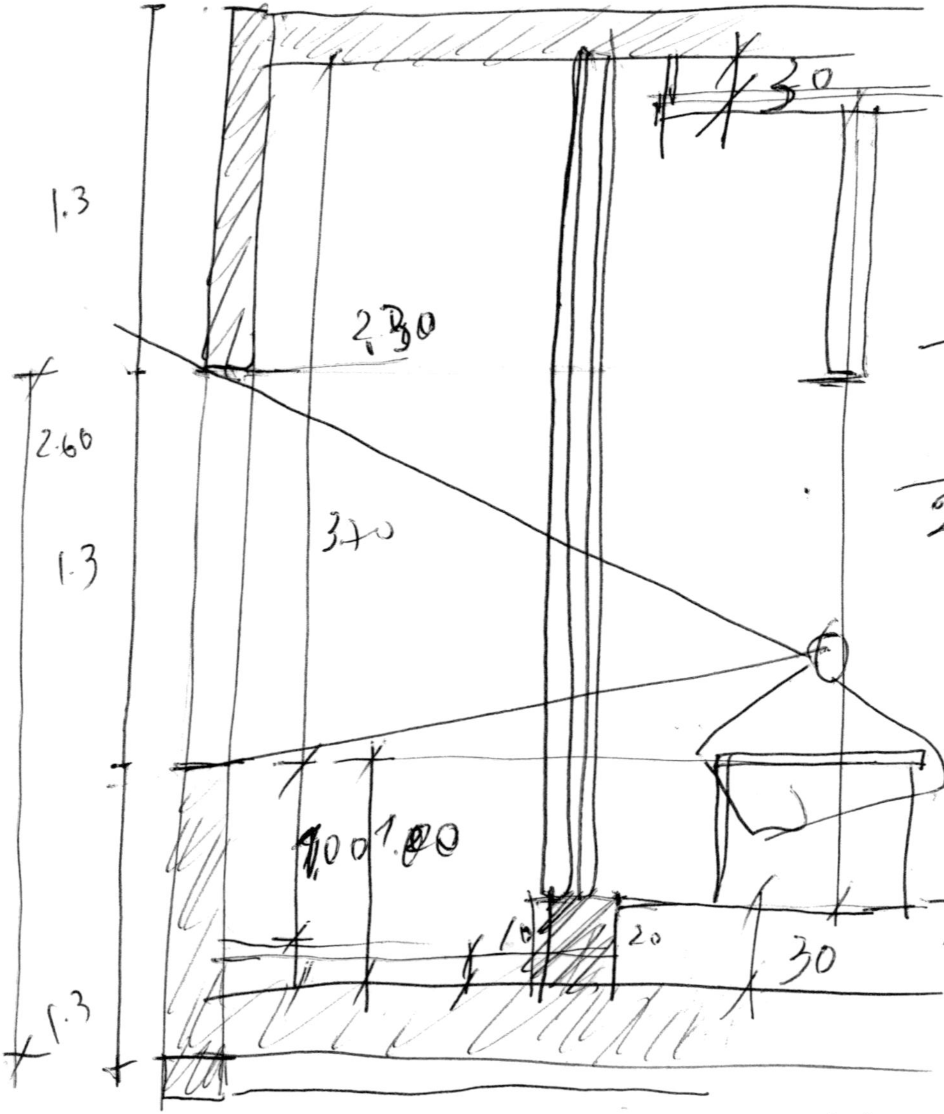

3.90
−50
3.40
−60
2.80

1.3
× 3
3.9
−20
3.70

2.60
−2,50

1.2
× 3
3.6
−20
3.40

010/23 99832237 (PAZ) 1/6

Pi 010 / 351919447462

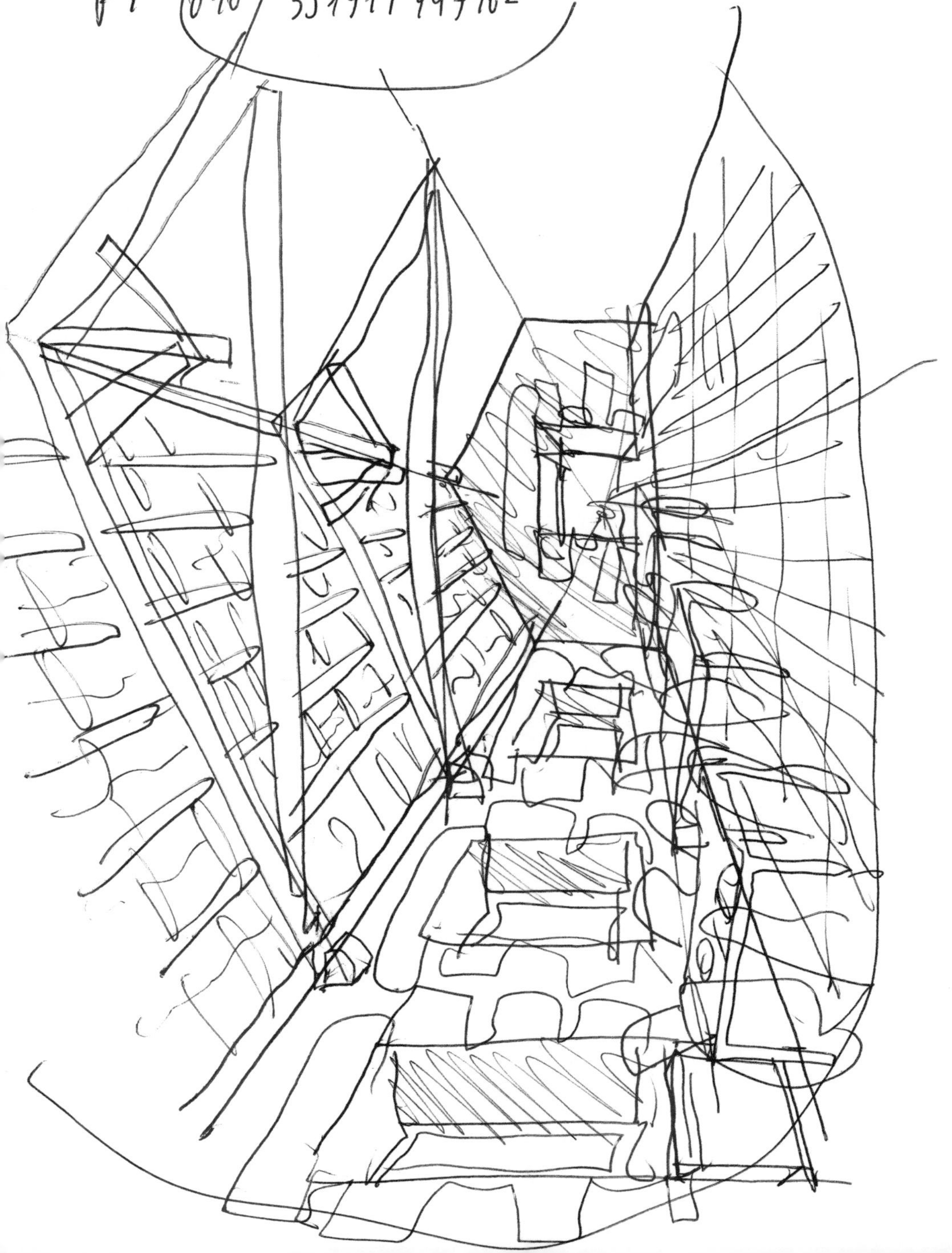

17/ Coelho.

0/01035193 2 335111

---

ult./ 32.000.300

34.000.000

Fialho. —0/010/351/963898315.

Évora.

Quarta-feira → telefonar ao Eng. Fialho (Évora)

0/10/351/963898315

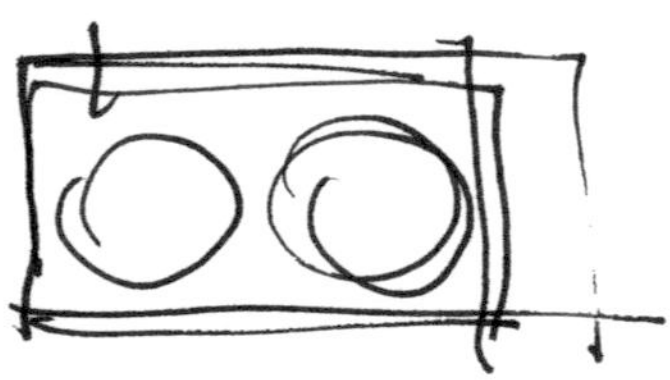

19

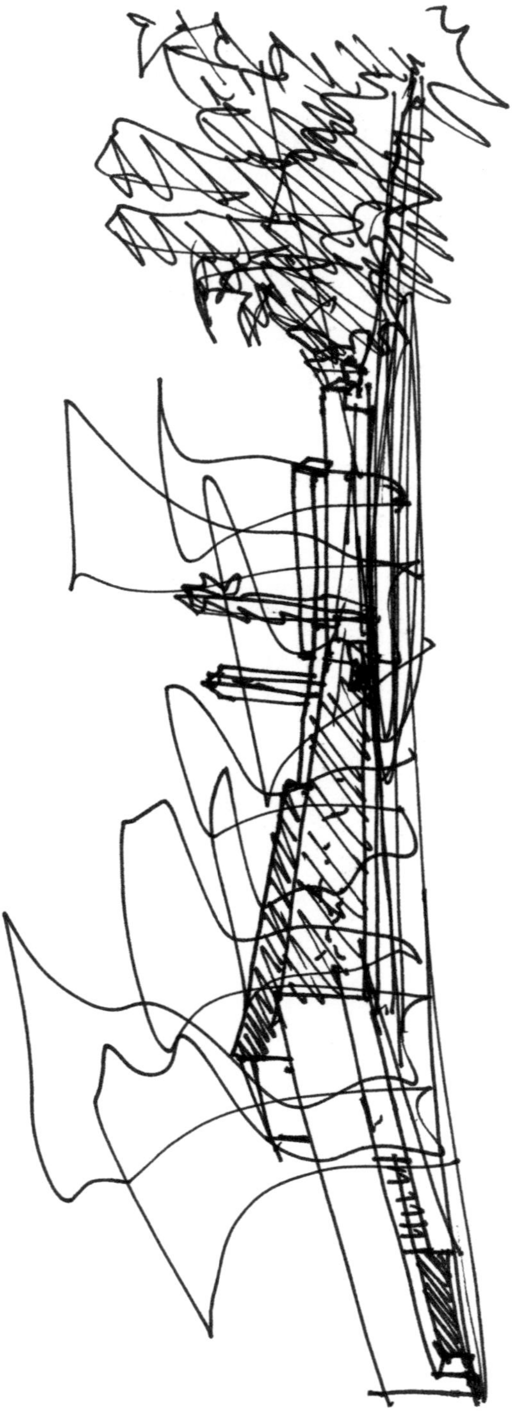

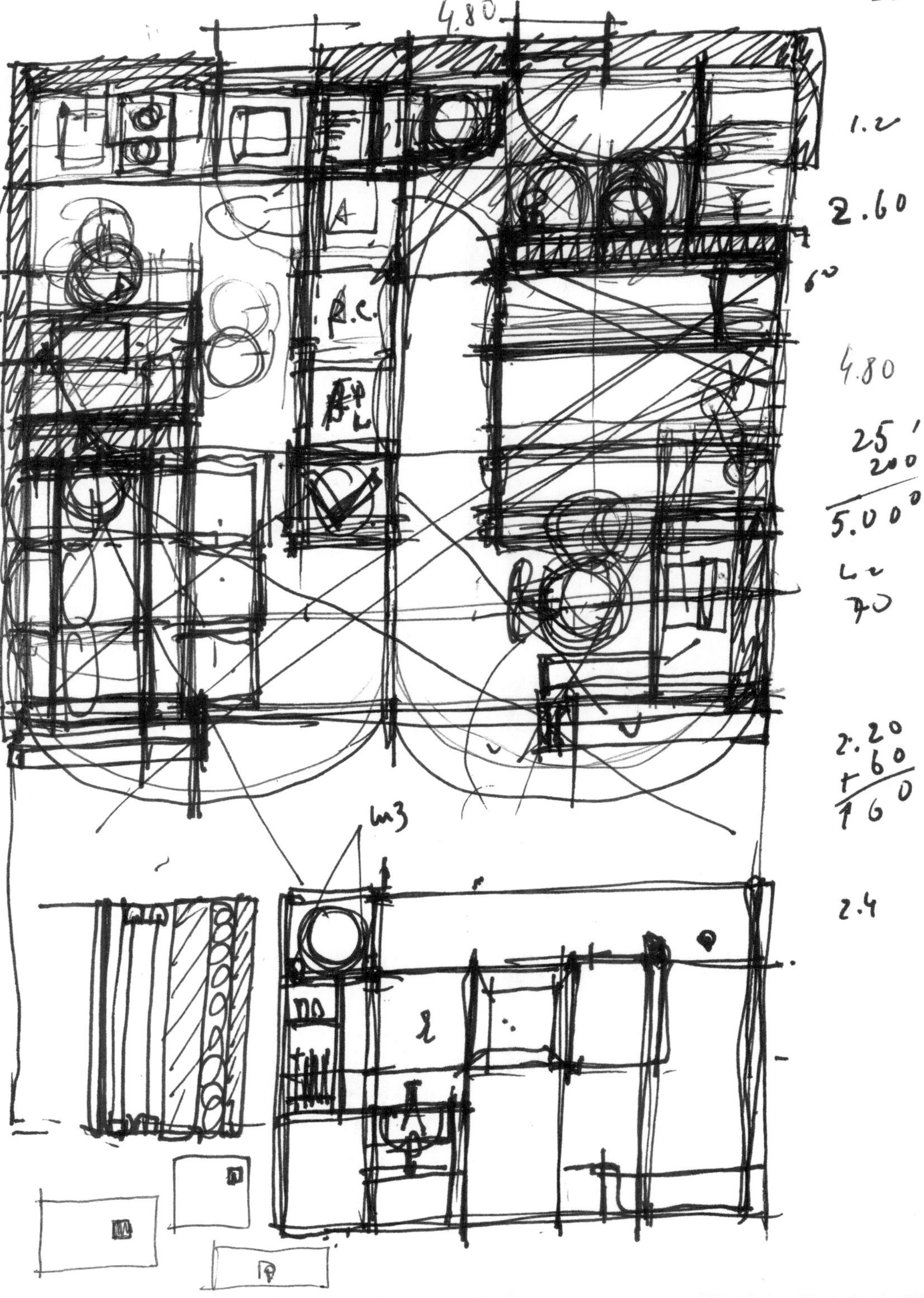
4.80.
1.2
2.60
4.80
25
200
5.000
2.20
60
160
2.4

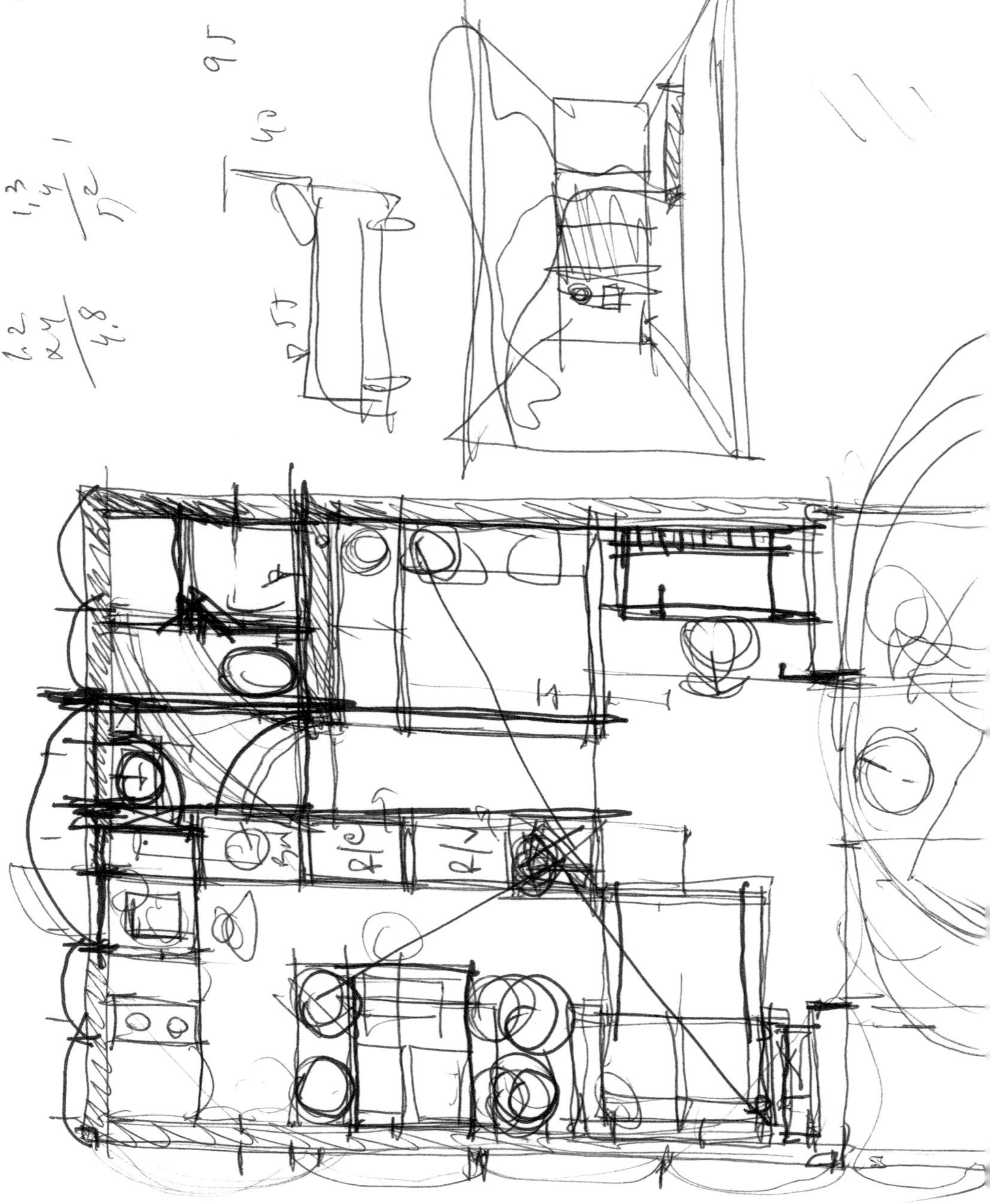

23/

OBRAS

1- Valença
2- Viana
3- Vila Verde
4- Gaia
5- Ovar
6- Obidos
7- Tavira
8- Vilamoura

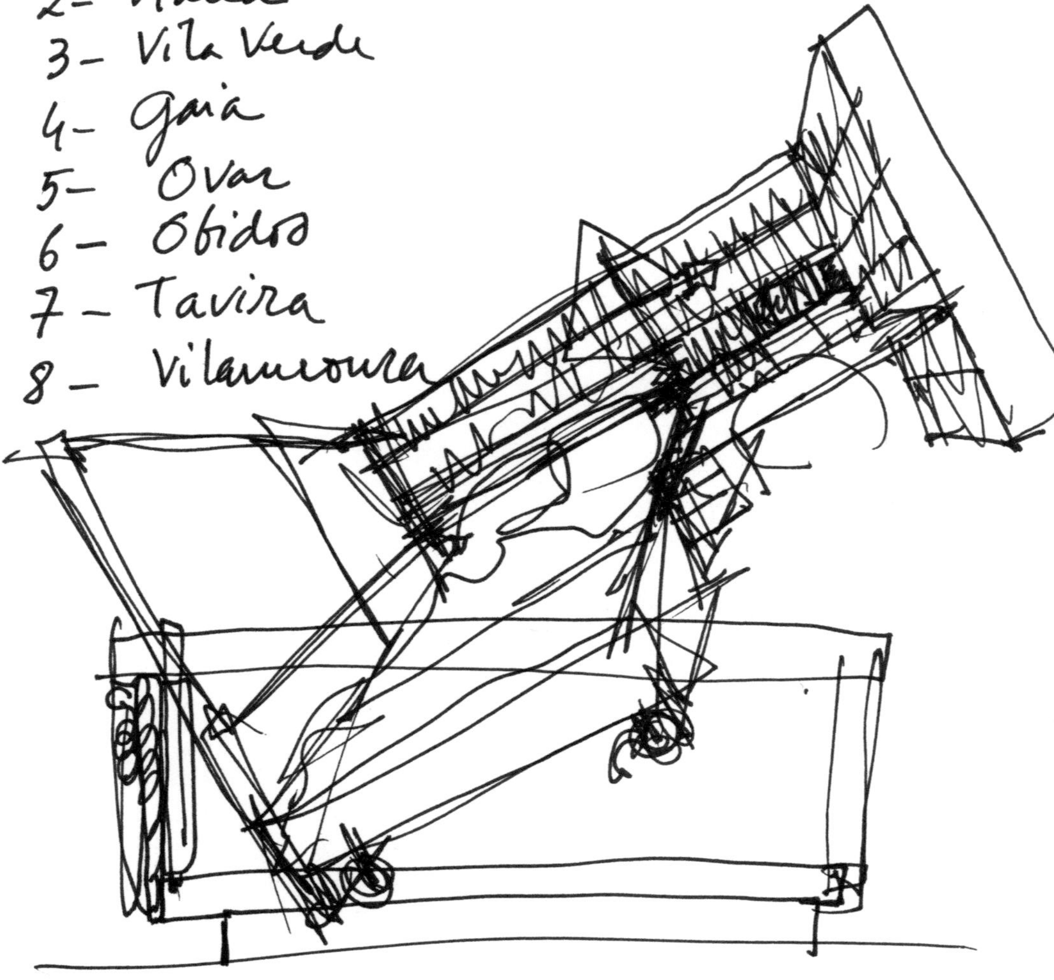

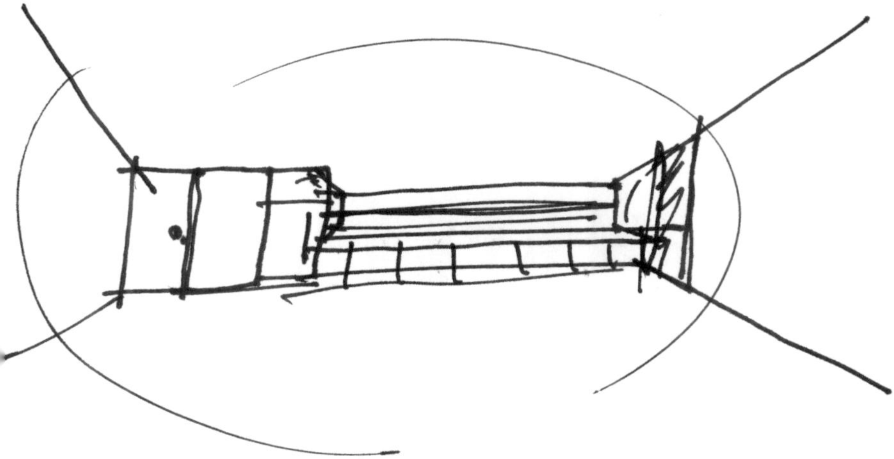

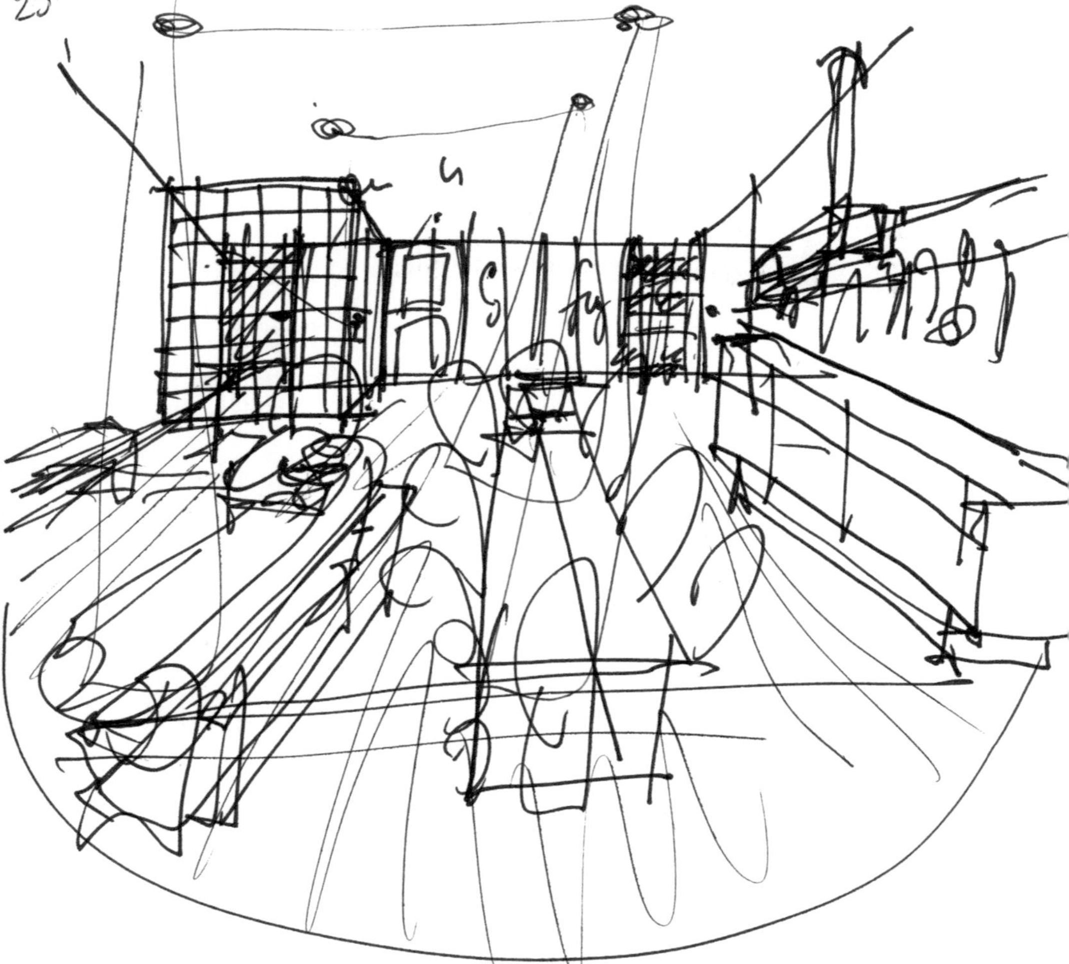

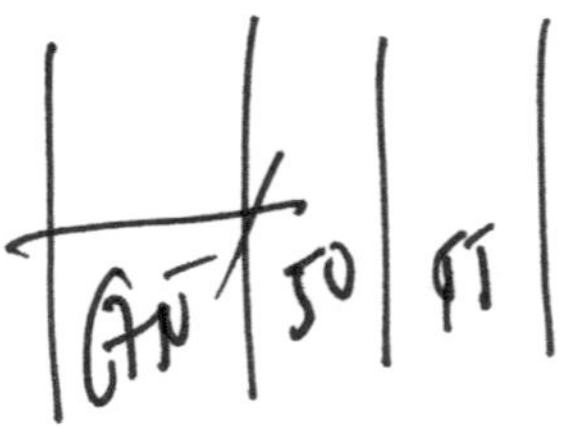

1.05
65
1.70
× 2
3.50

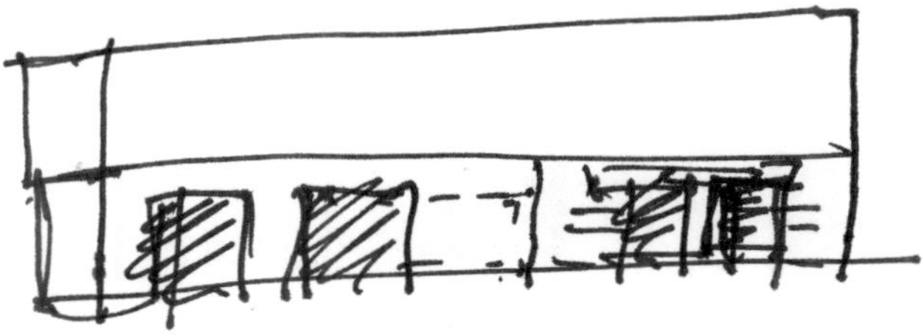

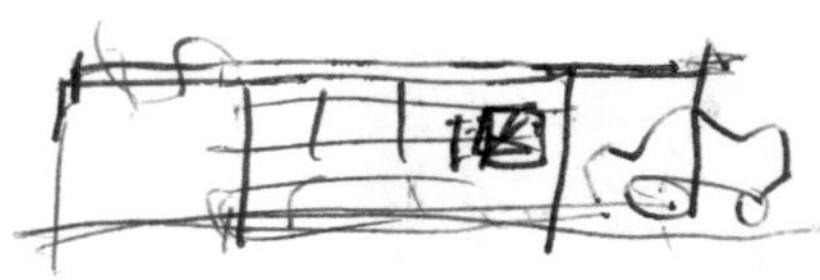

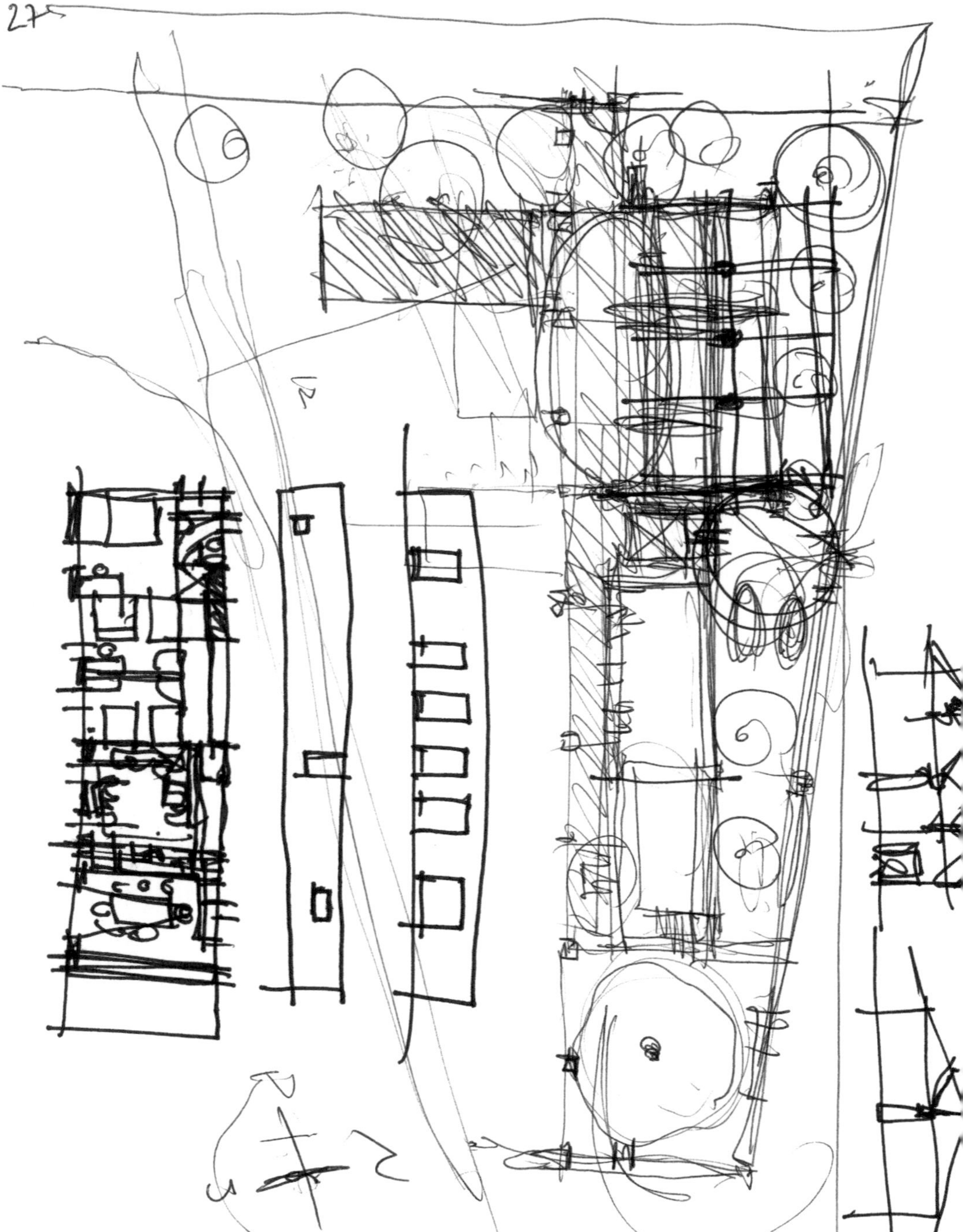
27

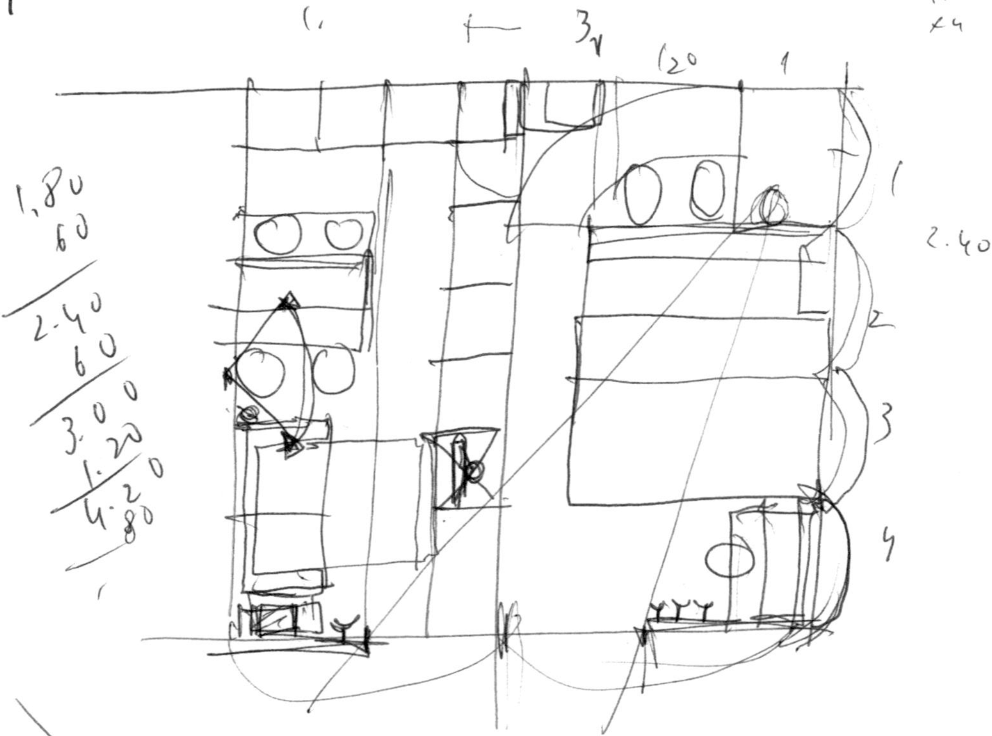
1,2
x4
1,80
60
2.40
60
3.00
1.20
4.20
80
2.40
1
2
3
4

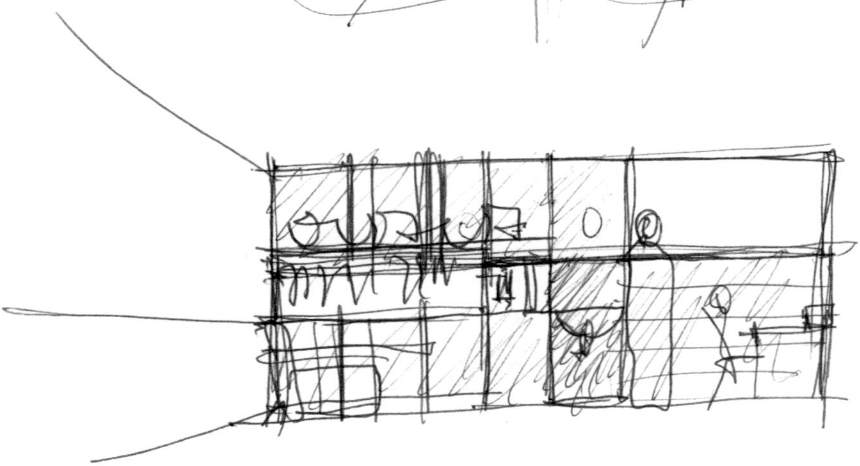

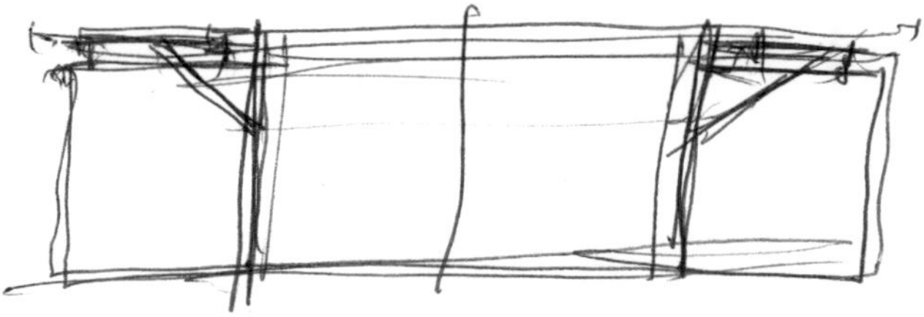

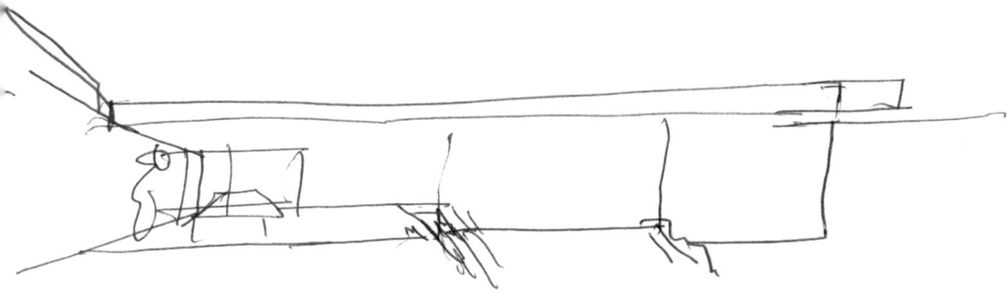

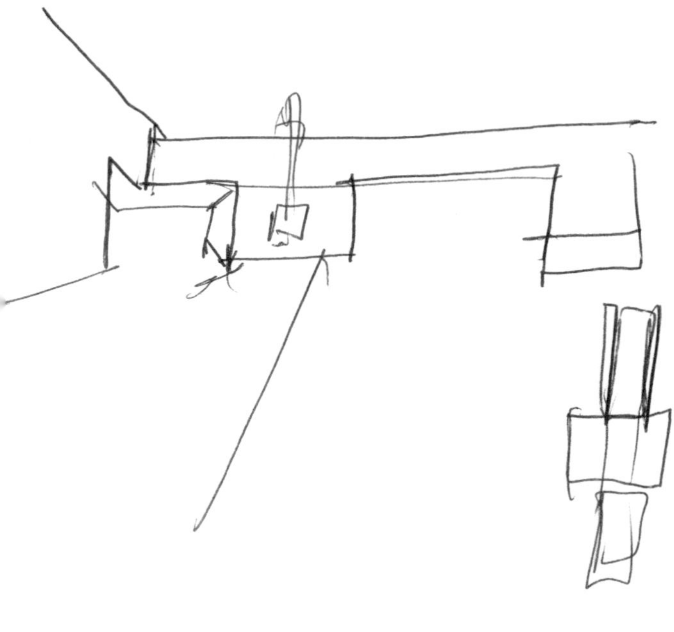

31

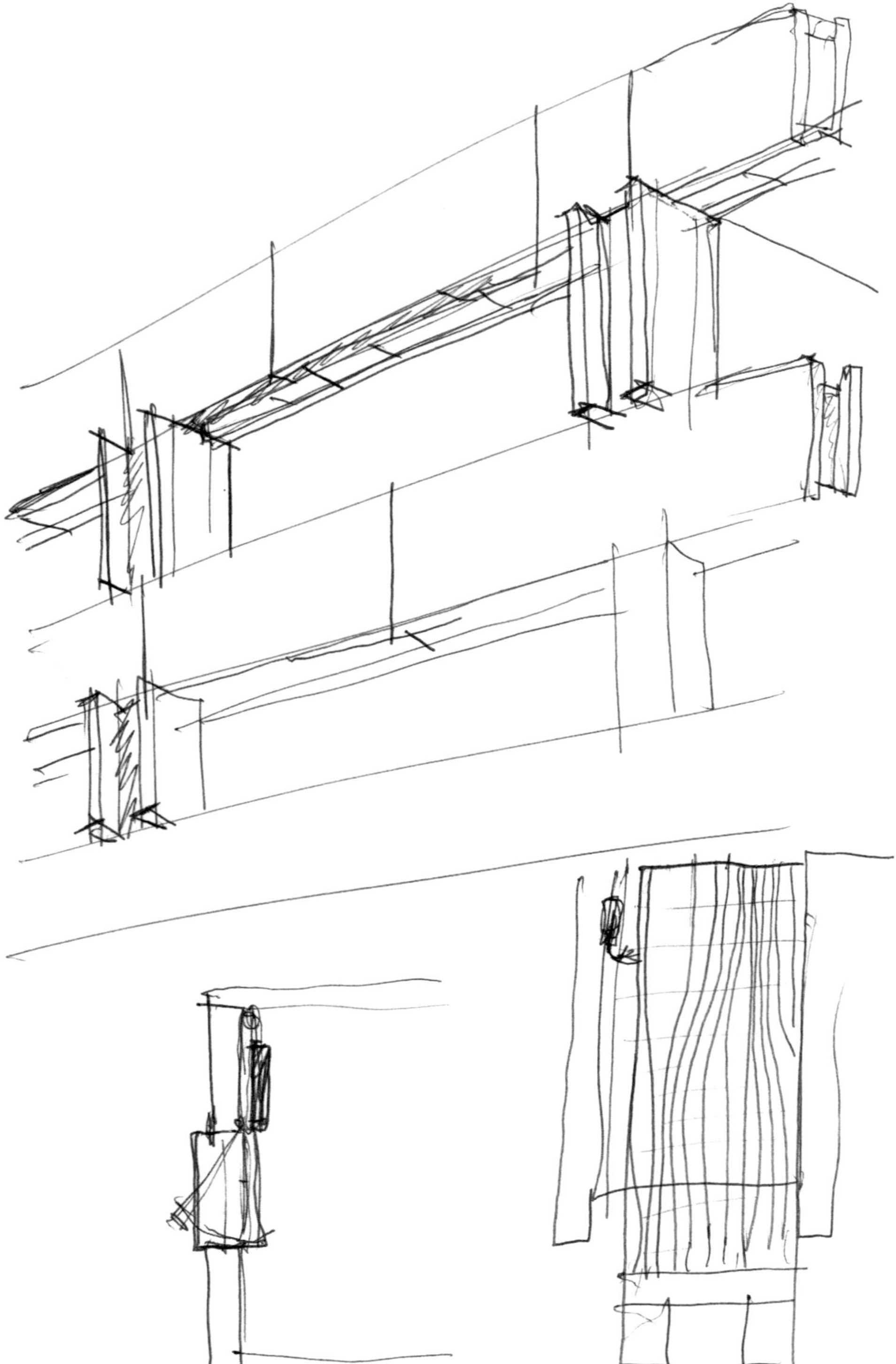

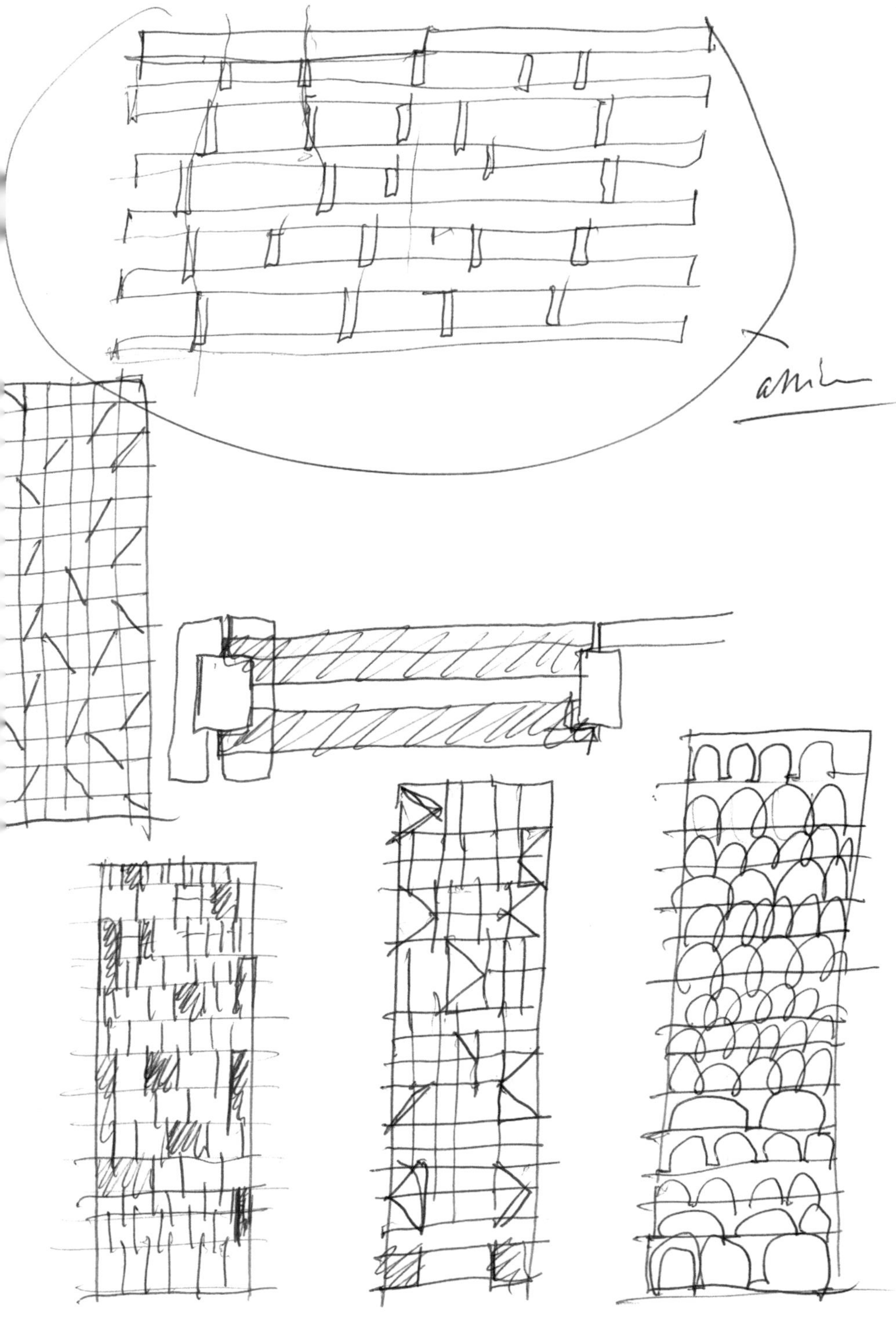

33/

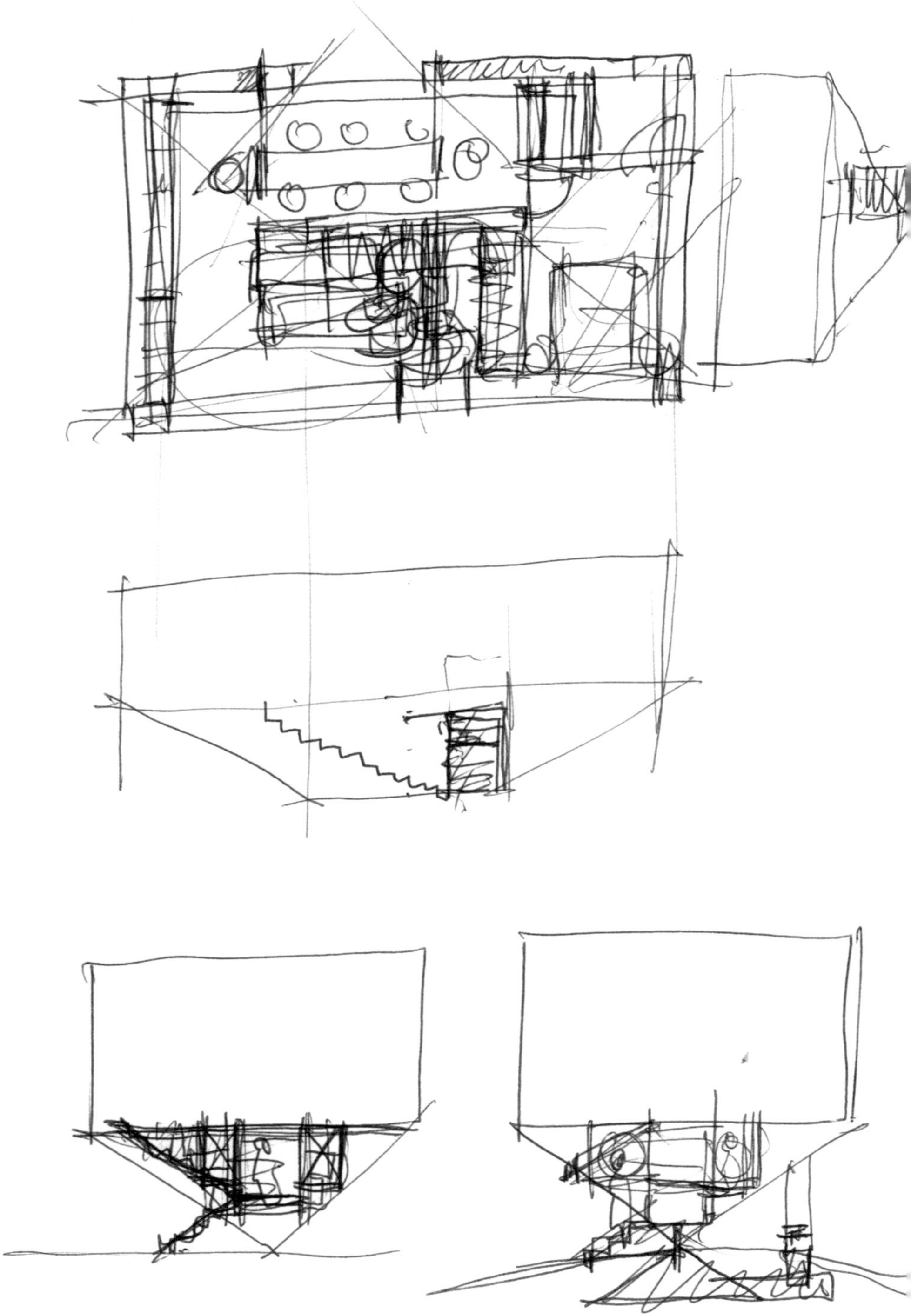

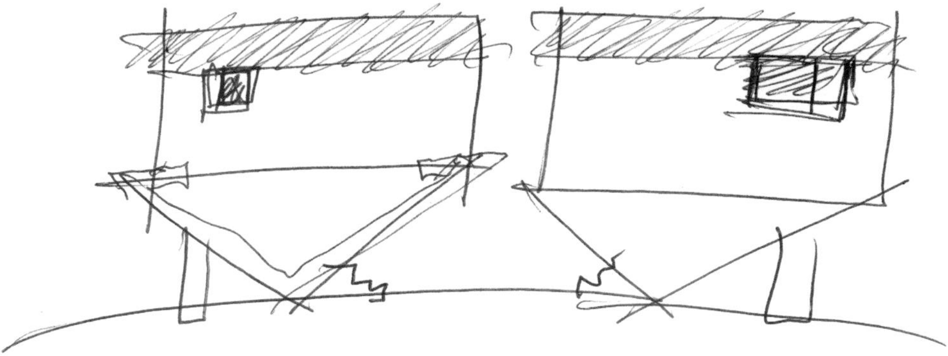

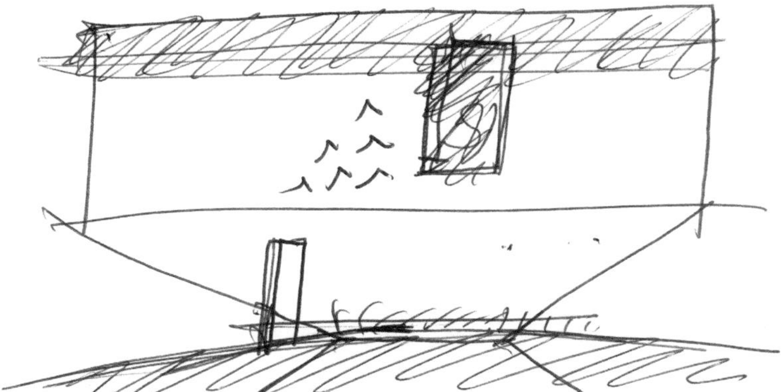

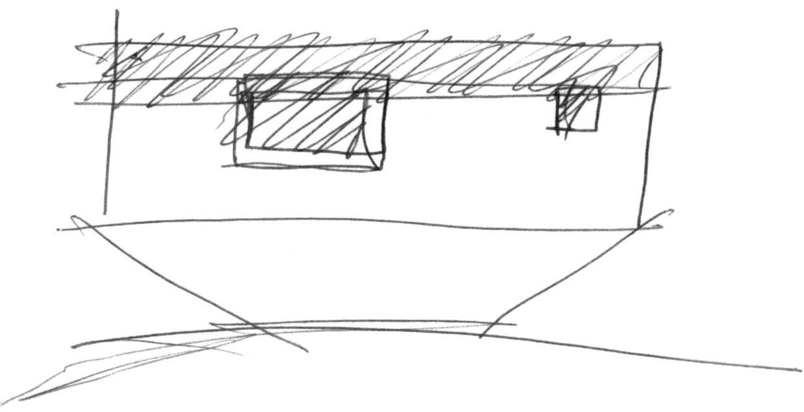

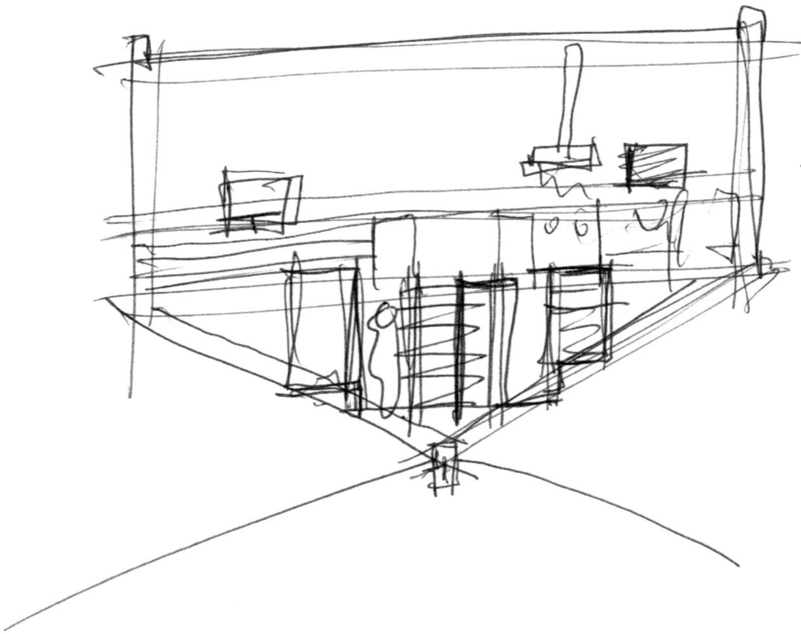

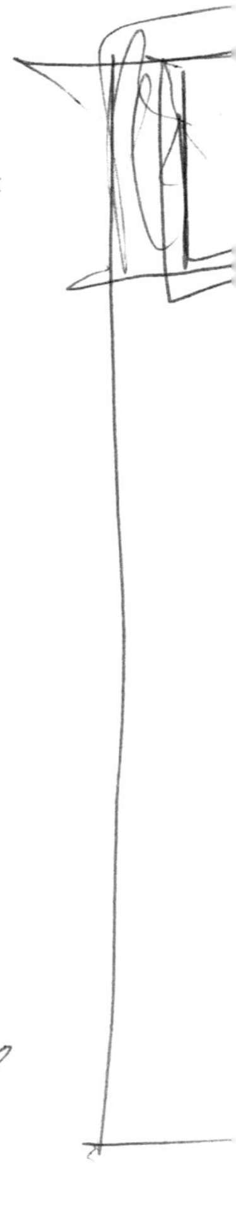

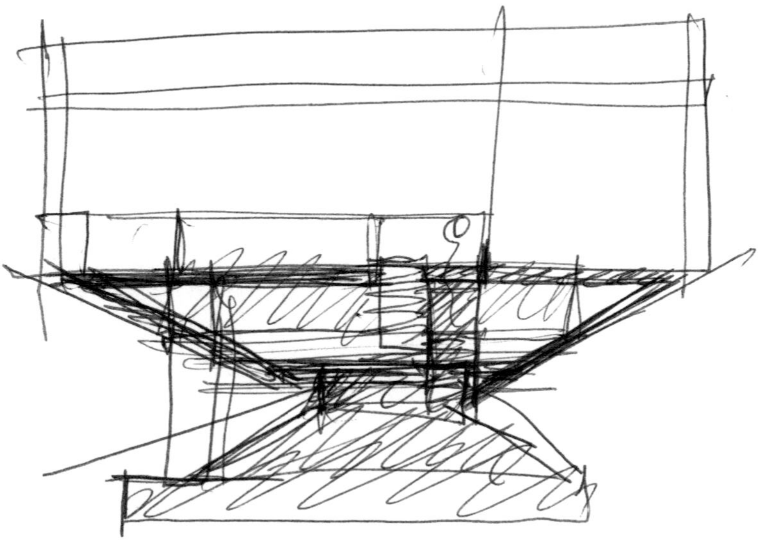

37/

~~[illegible]~~

alta velocidade – Orense.

5 – Out. – reunião c/ Espanhóis.

13 Outubro –
10 novembro –
17 " → entrega.

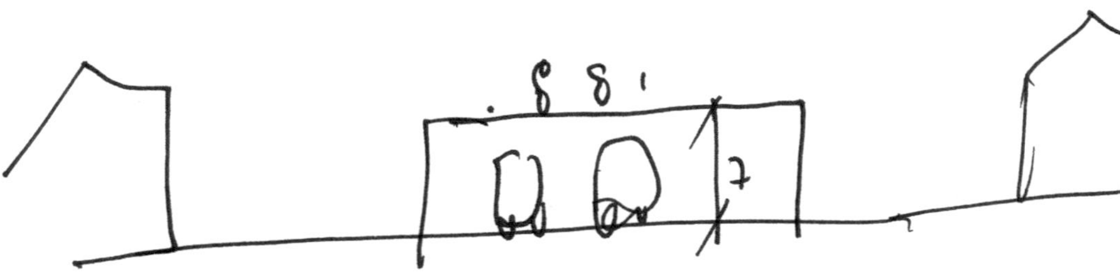

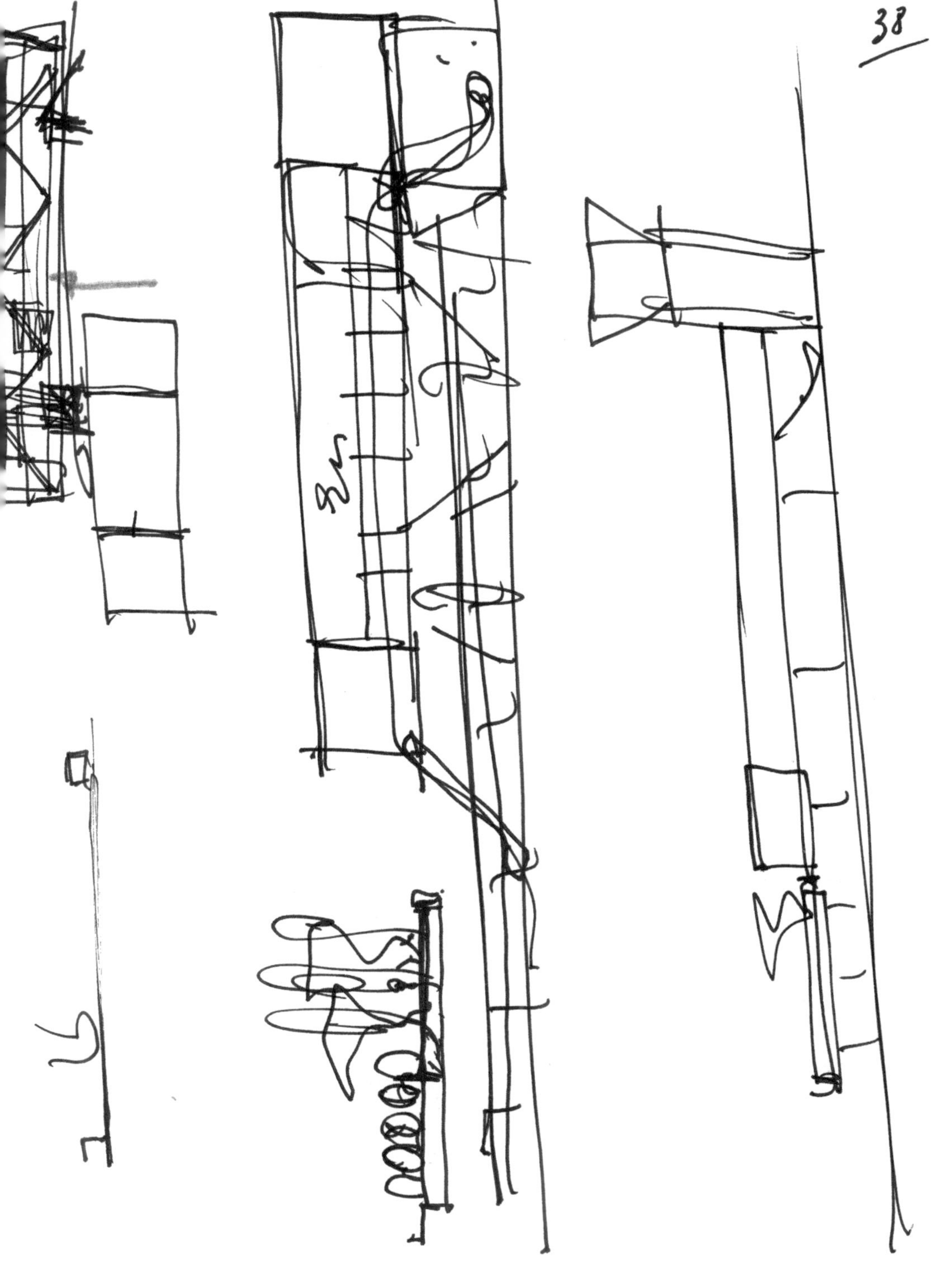

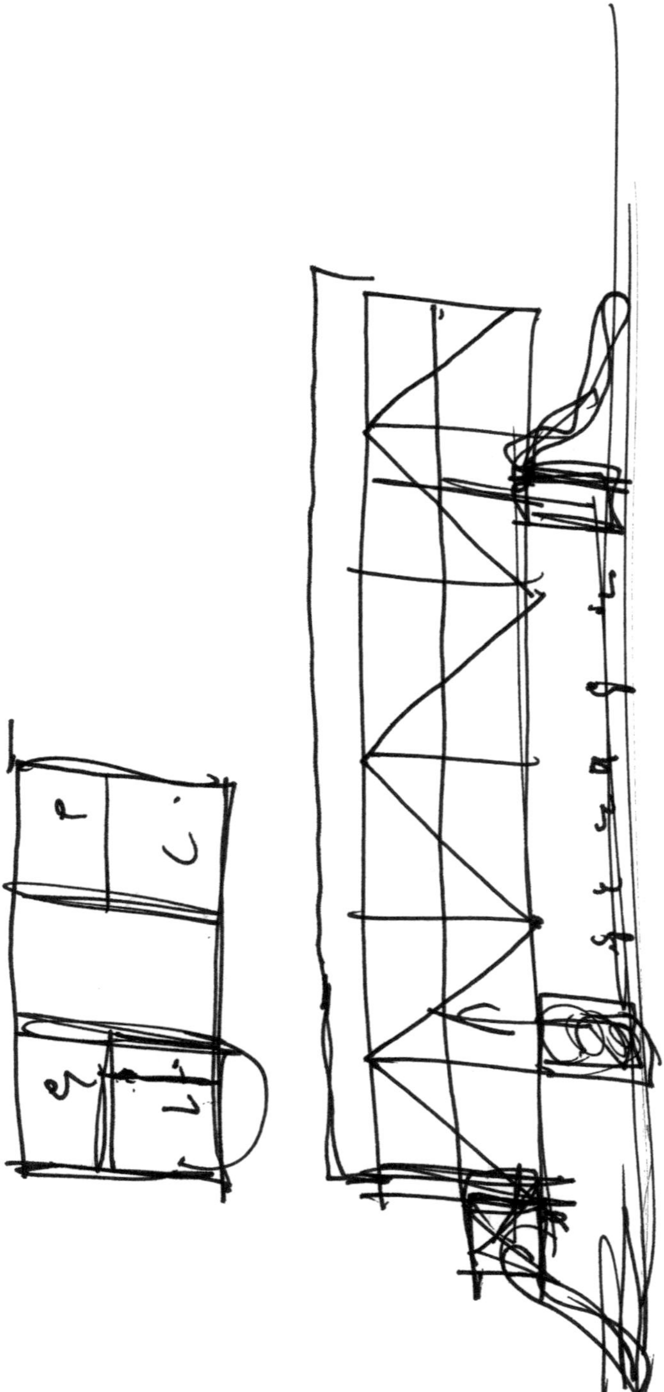

40

41/

Segunda feira

1- ~~Leite.~~
2- ~~João Correia-Brant.~~
3- ~~Rui Moreira~~ .
4- Ana Paula Marques _ 918794581
5- Lita. -?
6- Eduardo. - Telecom. (Supp.)
7- ~~Fernando Silva~~ - EDP.
8- ~~Consuegra~~.
9- ~~Galho~~ -> ?
10- Costa / Ricardo Oliveira

Quinta-feira

11h - Boulevard.
15,30 - Câmara
17,30 - Embaixada.

Bizarro ← 919698239
223406229.

22.45 42
21.45

Luís Ramos → 916189135.

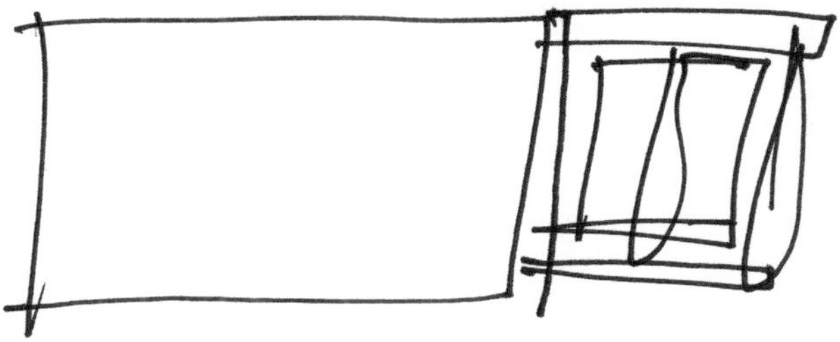

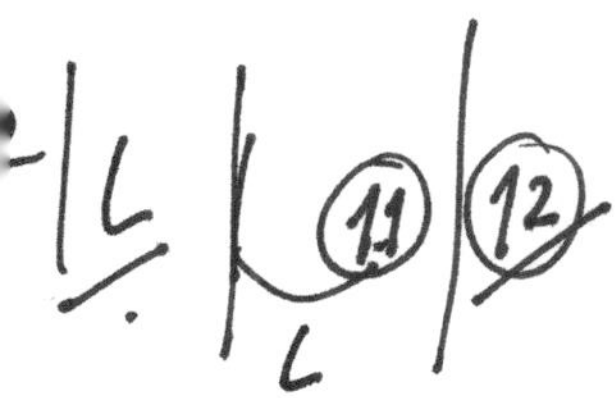

43

Renwa P. T.

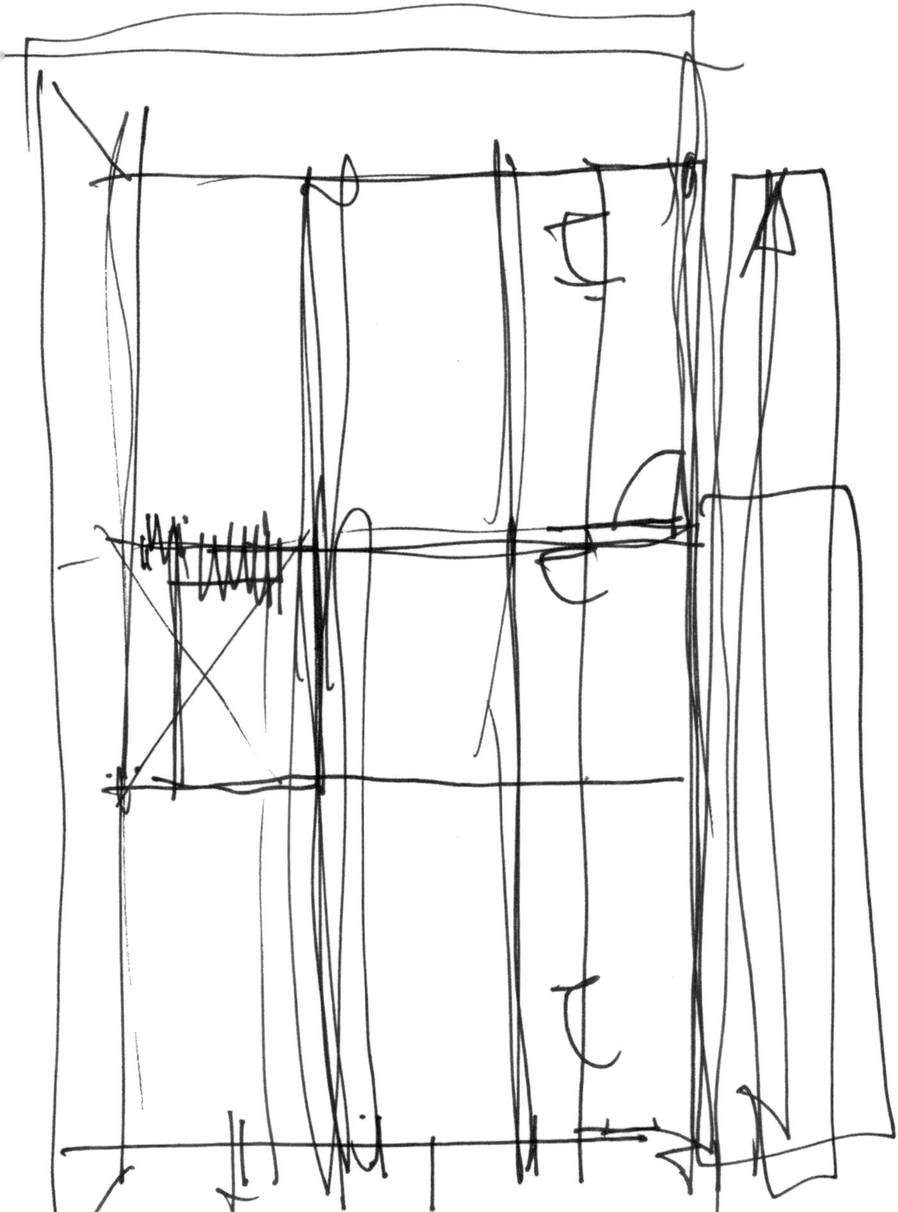

45/2 Texto Obama

João Mourinho

"— Compreendemo-nos mas não nos falamos"

Voltaire

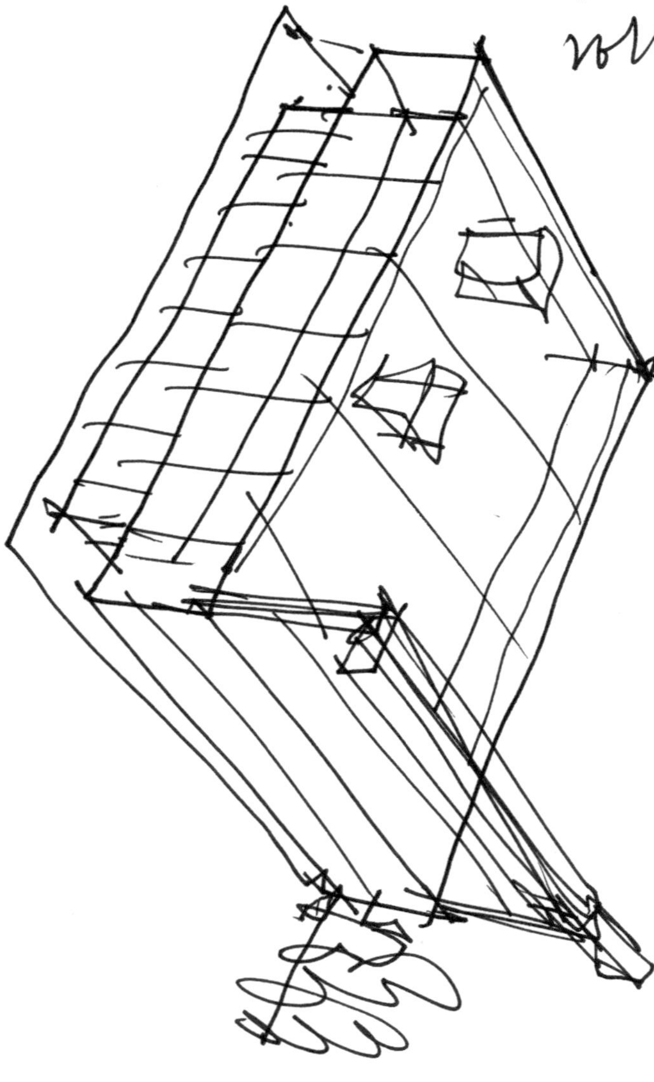

Hotel / ofertas

1 – Rampa. (?) | Betão Vermelho

2 – Schillers.

3 – Maahome. / Ahmo / dúvida (???)

4 Portas c/ dobradiças ocultas

~~10.~~

11 – Barbeiro

11,30 – Lisboa

13h – almoço

15h.

17h – Sudameran

18,30

20,30 – Lisboa

45 / B.P.I. / Av. da ~~Alvido~~ Liberdade. (Lx)

Art. 140 /

Última semana de Janeiro:
ir a Taiwan

- 5.700 + Dom — 198 c.

- ~~[illegible]~~ — ~~550 c.~~ 28

- Junro. — 56 c.

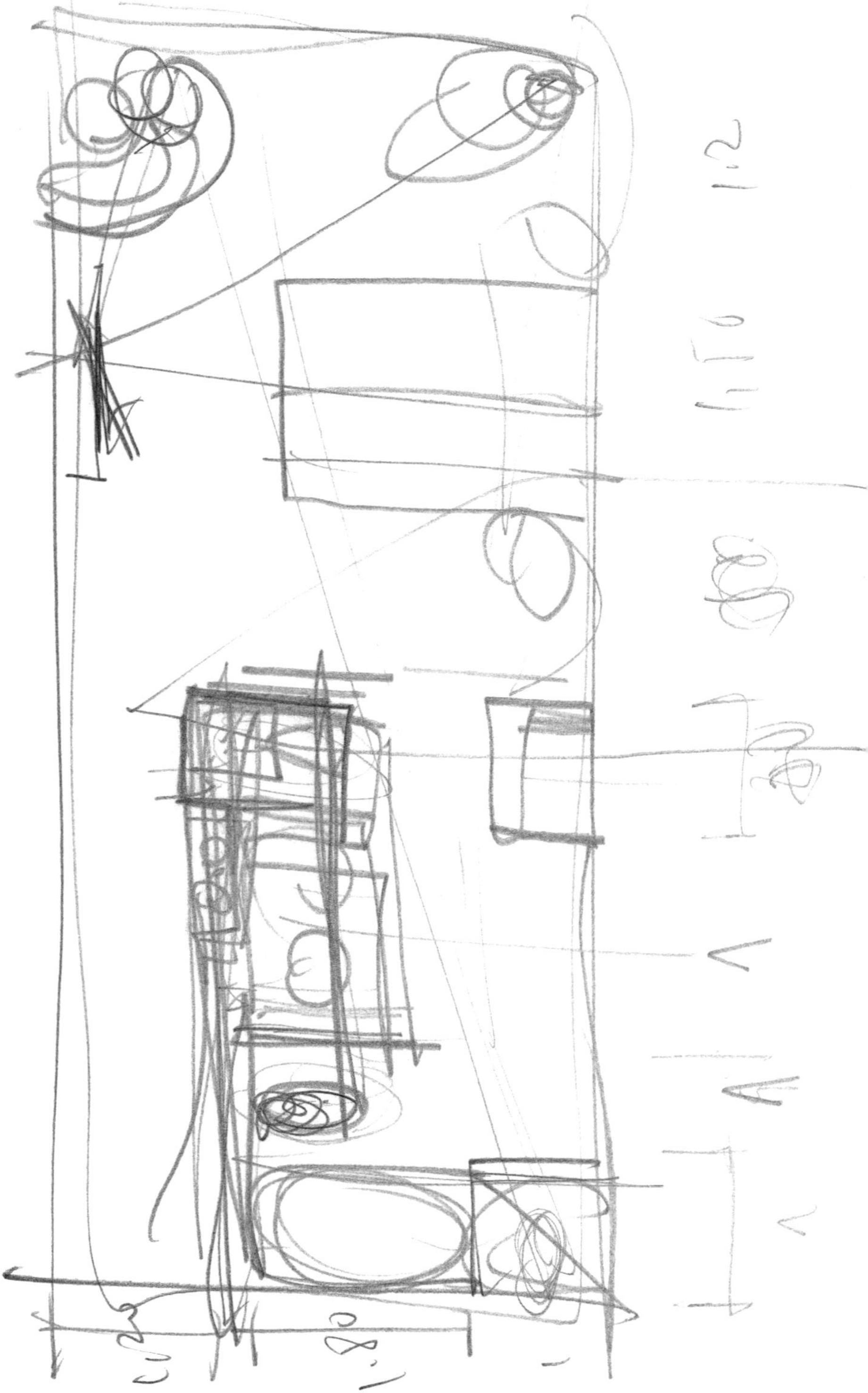

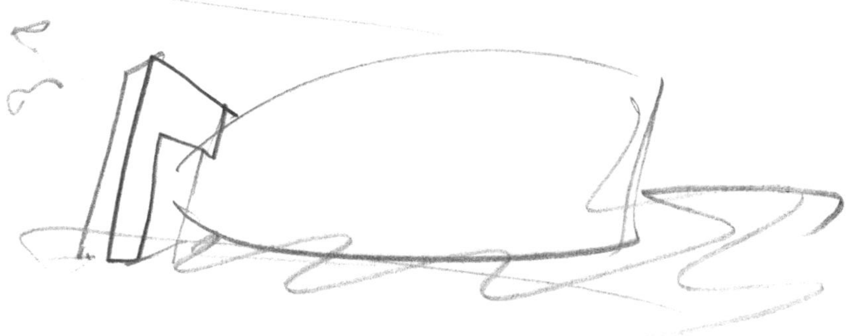

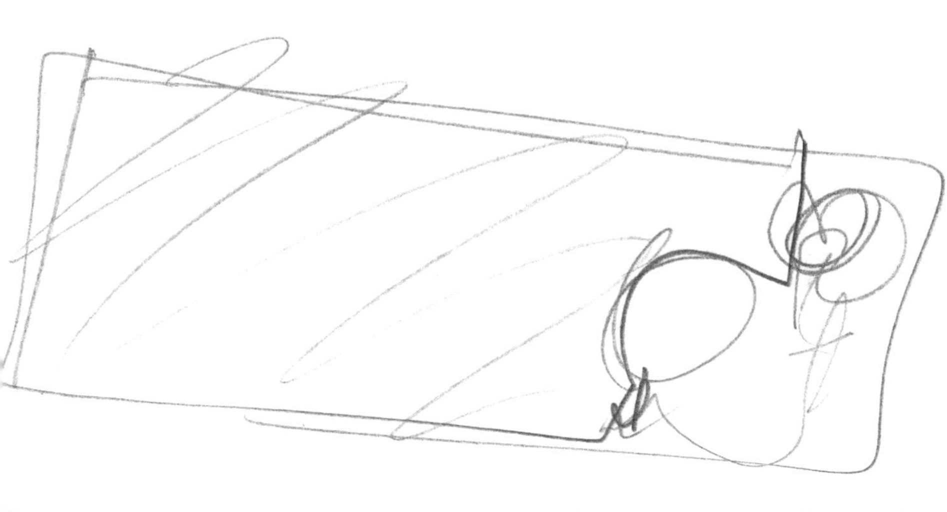

Klee, Beckmann, Picasso. 52

2 apartamentos – 860 – Lake Shore Drive

---

1) Wilfried – aeroporto não.
2) Adalberto / António. – urgente
3) Galfetti – 0041 794 302538
4) Ramalho Fontes – 939200107
5) Simões. (Caneta)
6) Mário Valadas – 937093779
7) Artur Silva 934046491
8) Mães da Luz – S.E.C.
9) Banco Pastor → ?
10) Sr. Zeferino
11) Thonet / Machabert.
12) Contrato Luanda
13) Moçambique.
14) Bombeiros em Lx.
15) Casa no Congo.
16) ~~E~~DP.
17) Casa em Grândola.

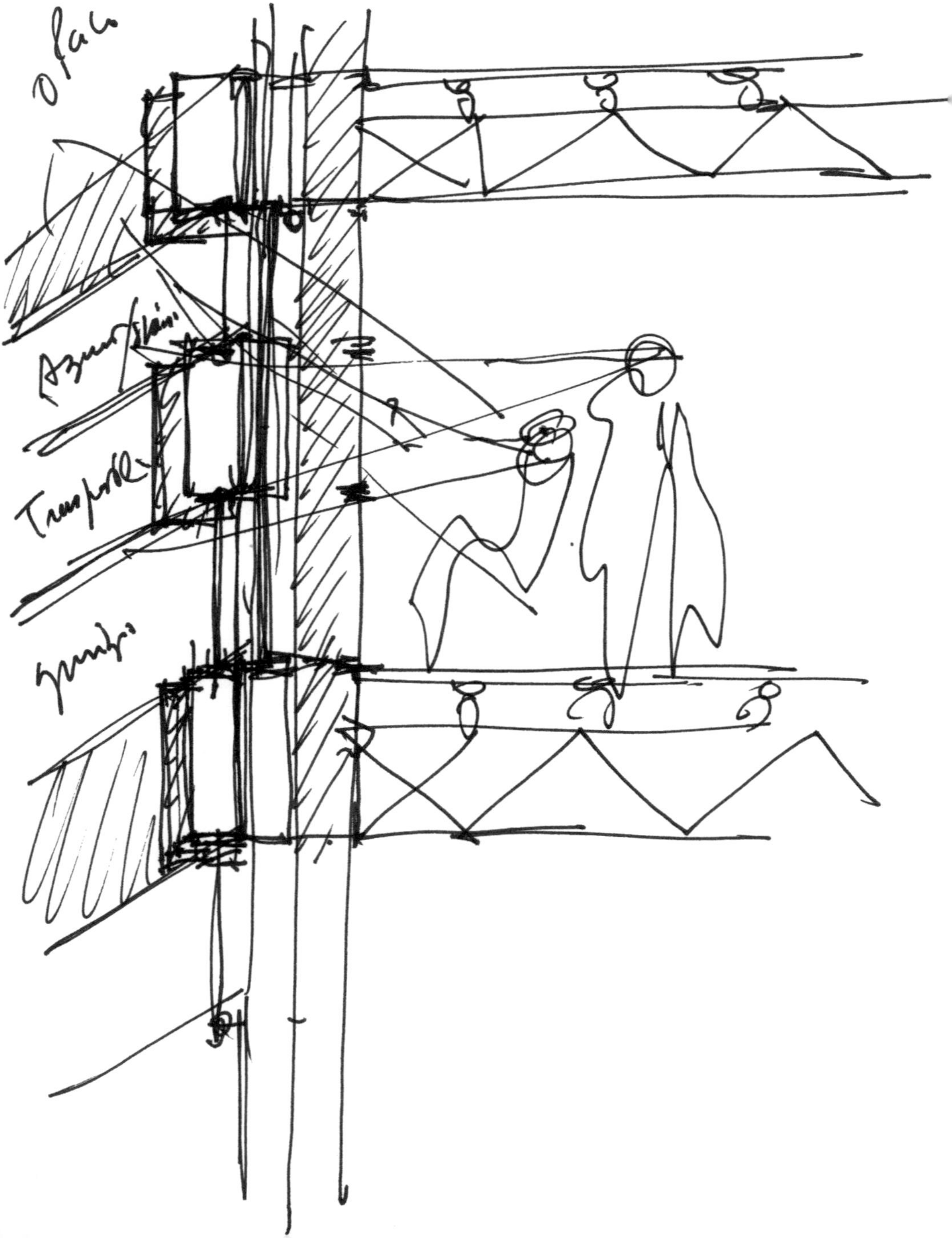

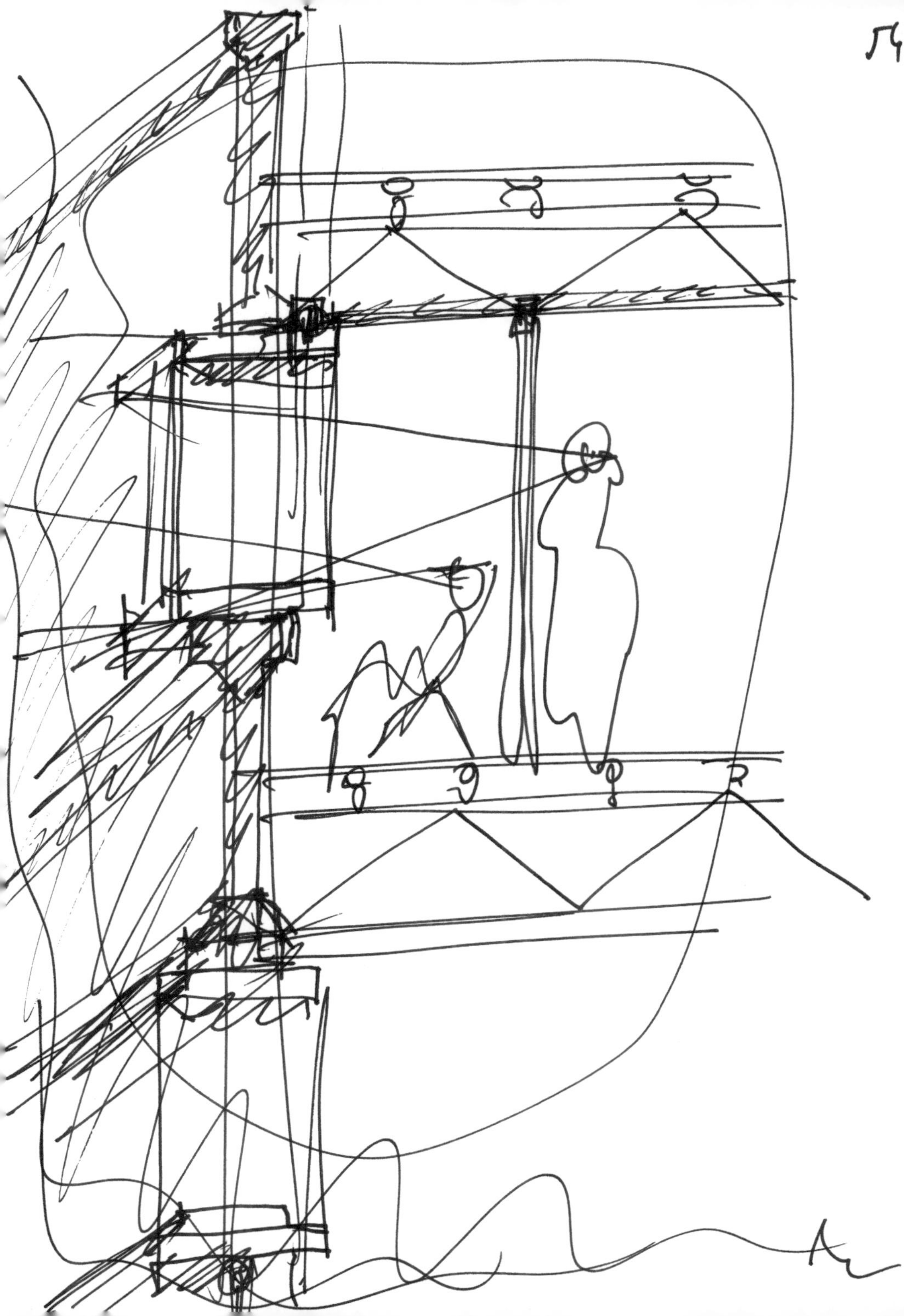

JT

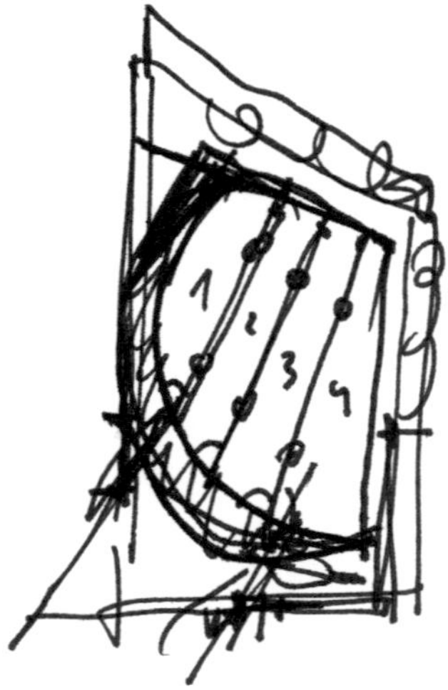

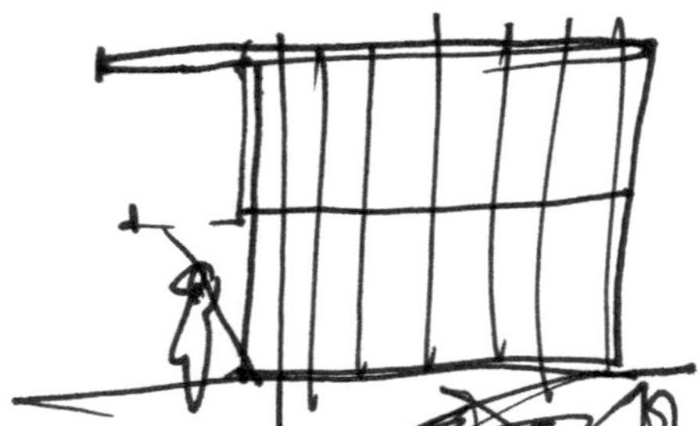

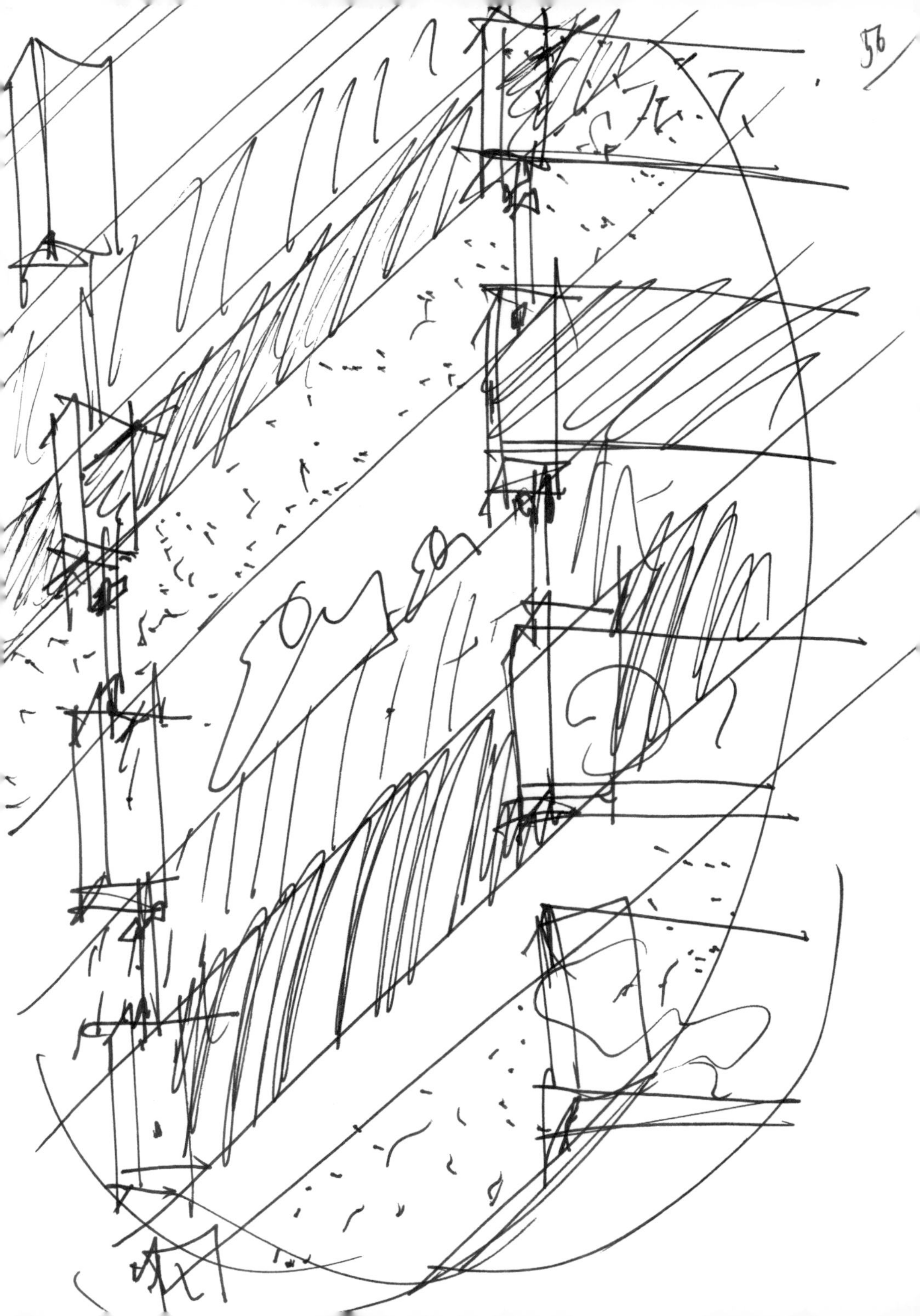

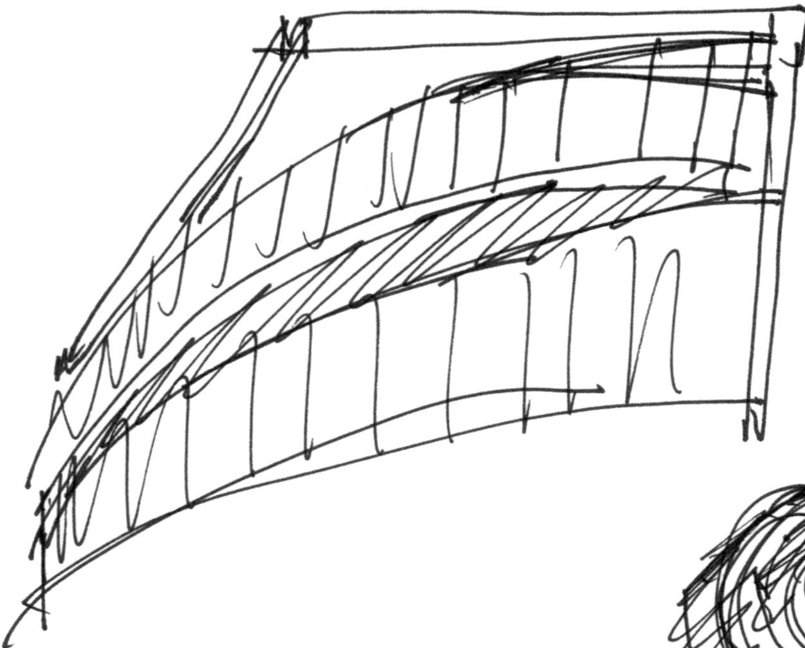

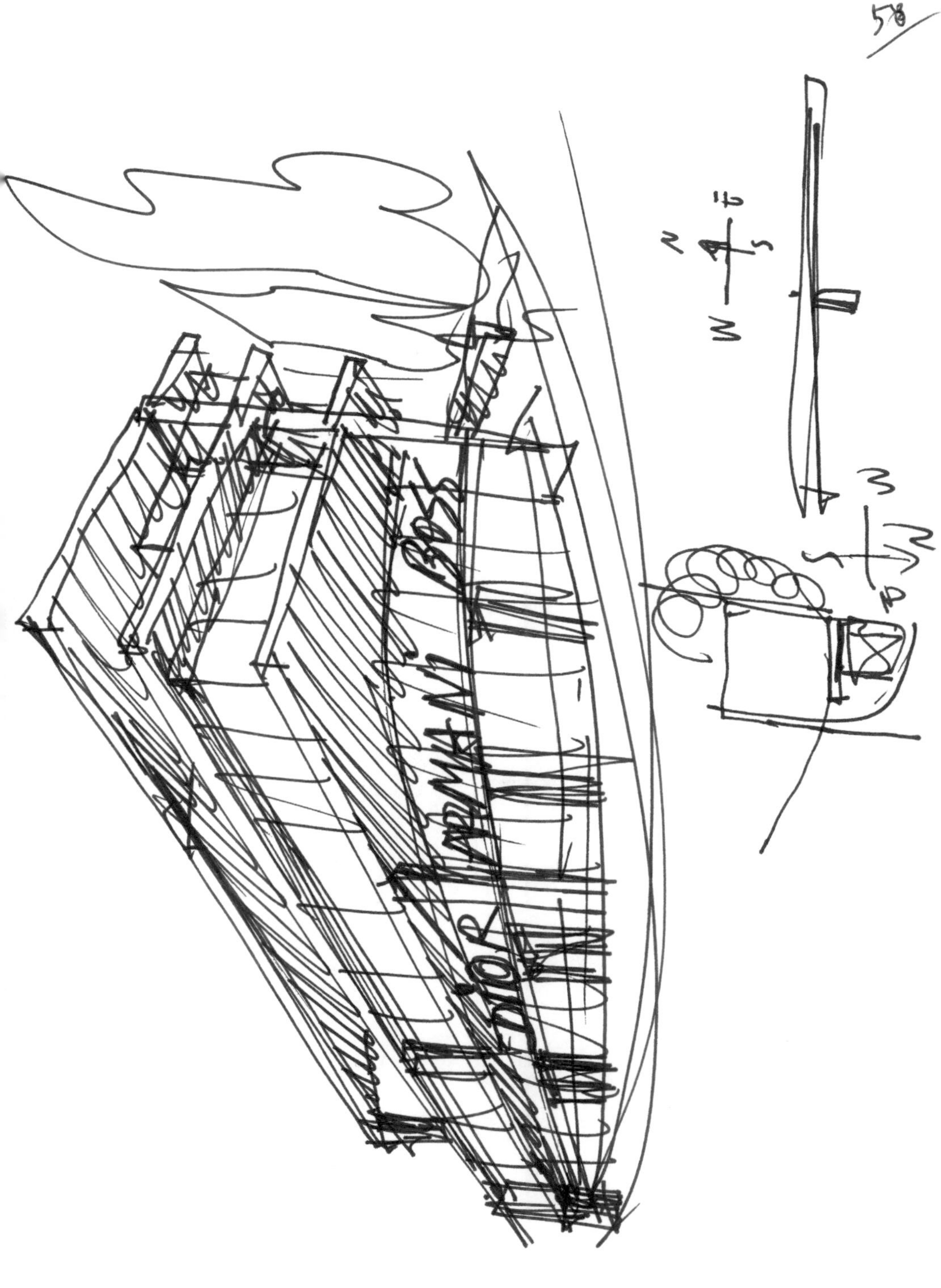
DIOR
ARMANI
BOSS

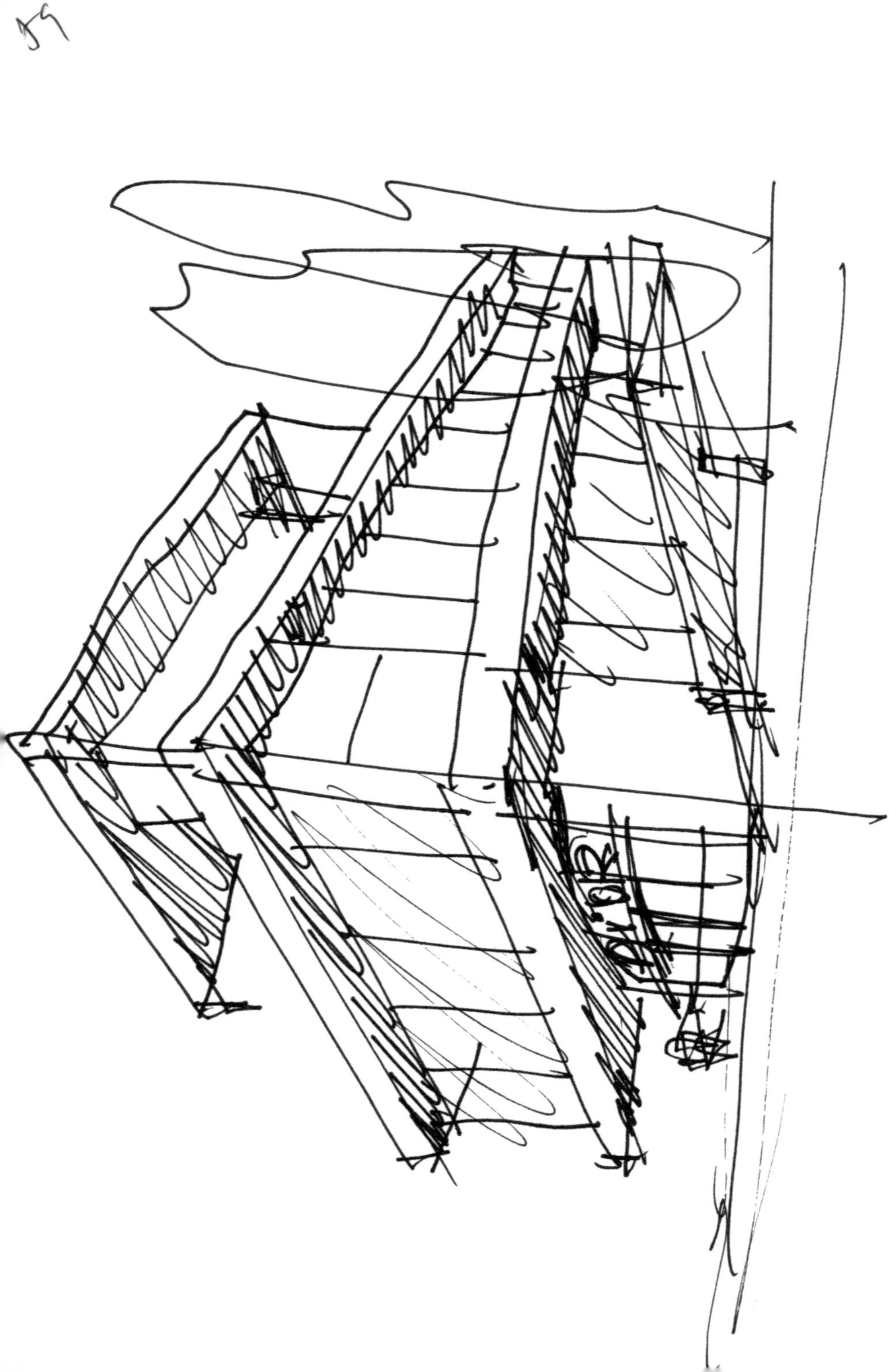
DIOR

60

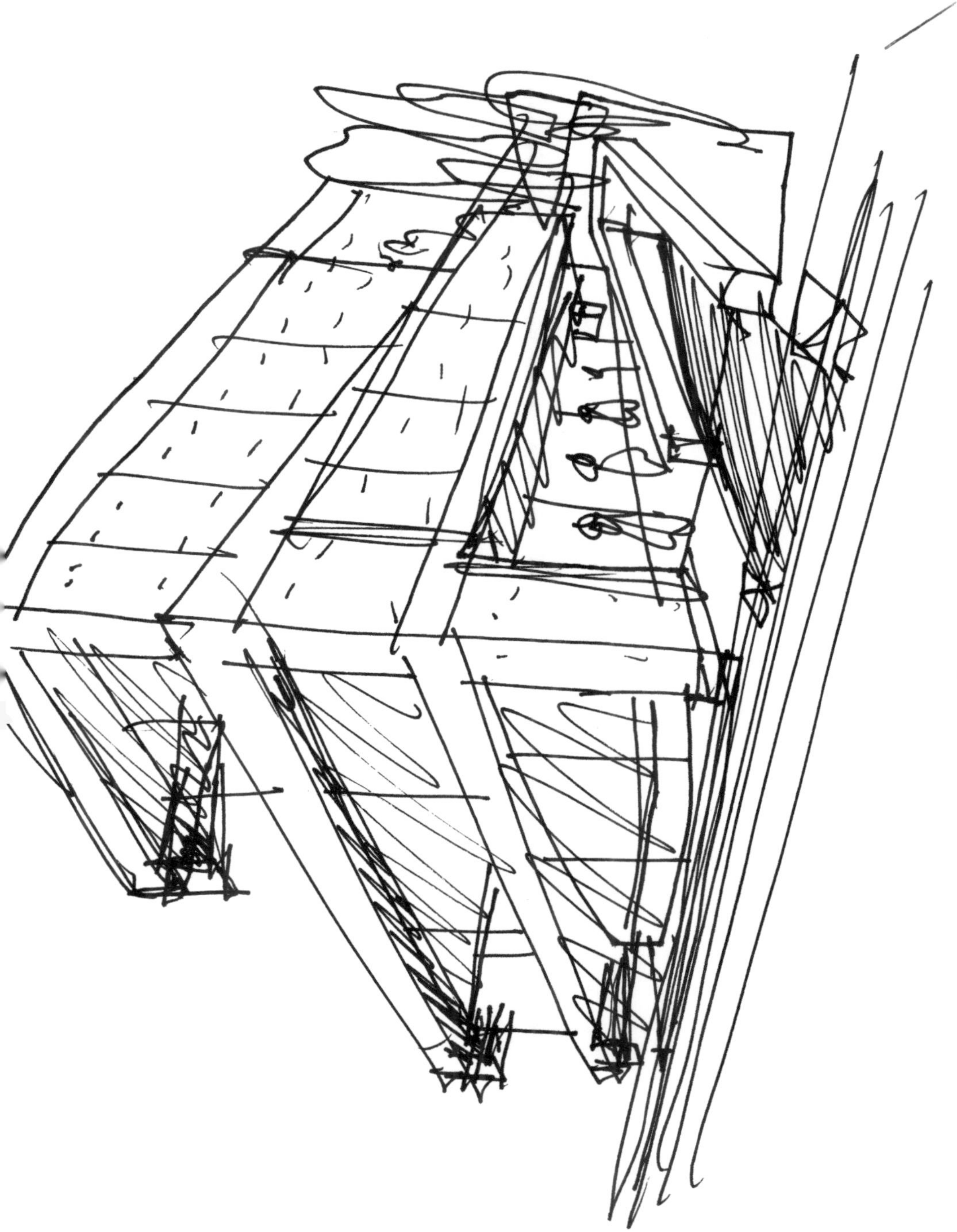

1) Salto ~~Via~~ Brera

~~112 Solferino.~~

archivio Salto →

20°
+5%

1.000 - 200
×23
2
46.

180
200
50
430
20 - fin!
450
600
1 5 0.000 ©

250 ✓
180 ✓
070

180

260
180
080

63

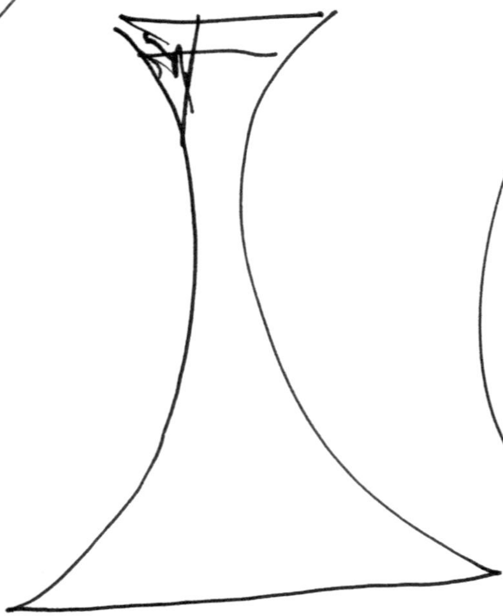

385 – Prata

39
x2
78

90 – Casquinha

372
x2
744

744

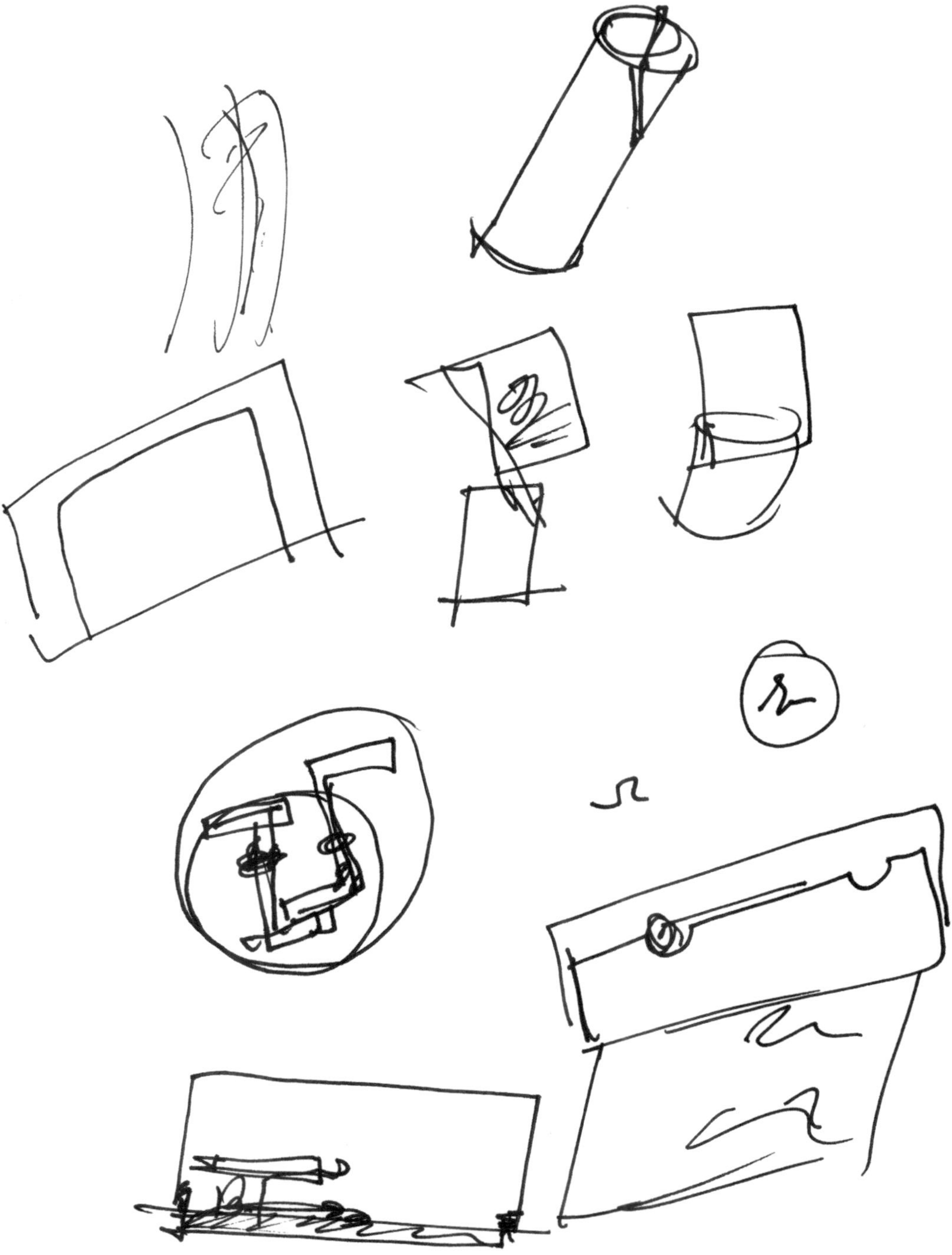

(1) → Empresas — facturas

(2) → Recibos Verdes — trabalham para várias entidades.

(3) → Segurança Social — / ?

— Rita

— André

— Tiago

— M. João

— Suzana

Ourense

- Quando no séc. XIX foram construídas as estações de comboio nas cidades o desenvolvimento destas foi inevitável! A parte negativa aconteceu no corte da morfologia urbana, quando as estações não eram ~~terminais~~ de passagem. Quando as estações eram terminais o impacto foi menor, acontecendo mesmo que nas grandes cidades ~~partes~~ mesmo no meio das linhas eram subterrâneas.

- O caso de Ourense obedece à regra, ficando a cidade talhada cortada em duas partes, a Norte e a Sul, apesar da existência de algumas pontes que fazem pontualmente a ligação.

- O interesse deste projecto é exactamente o de se querer ligar a cidade fragmentada, sendo a nova estação e os seus ~~[illegible]~~ programas adjacentes, um factor de ~~[illegible]~~ ligação e não de separação como já aconteceu

— Para ~~[illegible]~~ isso partimos da ideia do programa, de fazer uma ponte entre a rua Jesus Pousa e uma nova praça quadrada que propomos a Nova Praça .....

— Para além dessa ponte que serve o trânsito ~~[illegible]~~ de veículos e um passeio arborizado propomos uma alameda verde com x metros de largura. ~~A~~ A plataforma resultante da ligação destes dois elementos terá uma largura de x m

— Aproximando a extensão do local que o programa propõem, os 2 em conjunto para [illegible]

formam um elo de ligação sólido, um "agrafe" robusto entre as duas partes fragmentadas da cidade. Acontece que ao aproximarmo-nos a estação da alameda, a zona de espera da estação usufruirá de uma visão agradável ~~e diferente para os passageiros~~.

— O desejo de se fazerem duas entradas para a estação uma a Norte, e outra a Sul bem como a sua imagem em bossa-arcada não são casuais na nossa estratégia.

— A estação perpendicular às linhas, e assente em ~~"pilotis"~~ pilares, poderia ter a imagem de uma ponte suspensa talvez em ferro e vidro fechada para acentuar a elegância da estrutura...

— Optamos não fazer uma

ponte, mas sim um
edifício maciço em betão
branco, com uma torre
imagem urbana com dois
"pés" nas duas margens,
construindo cidade, juntamente
com outros ~~elem~~ edifícios
que propomos, tais como um
~~Hotel~~ marcação vertical dos
um ___, ___ e edifícios de [illegible]
— Propomos também um jardim c/
uma cobertura do parque de
estacionamento ~~de~~ paralelo à
av. Marginal de modo a
minimizar o impacto da
~~[illegible]~~ estação de autocarros.

— A cobertura das
linhas férreas, de modo a
conseguir uma praça,

poderá ser feita uma 2ª fase, 30
e por isso só está indicada, pois
não é prioritária nessa fase
para a nossa solução

— O fundamental é como já
dissemos, construir um fragmento
de cidade com *espessura* de
modo a que não haja hesitações
novo centro, ~~nesse~~ episódio urbano
que Ourense quer
e precisa.

tipo de regressão
/ 2 m da altura

4ª feira 9-11-01

11,30 – Pires Marques.
13,30 – Luisinha Arriaga.
13,30 – Tarrem
16,00 – Joaquim (?)
17,00 – E.D.P
18,30 – Santo Tirso / Siza.

1) Sandra – 1) Joaquim (18,30 Terça)
_4) Santo Tirso (18,30)
2)
Tiago Feliz – 964227237
3) Figueirinha – agradecer. (fax)
(O universal, é o local sem paredes)

4) Paulina
5) Ferreira Alves

80/351/ 9140 30779

82

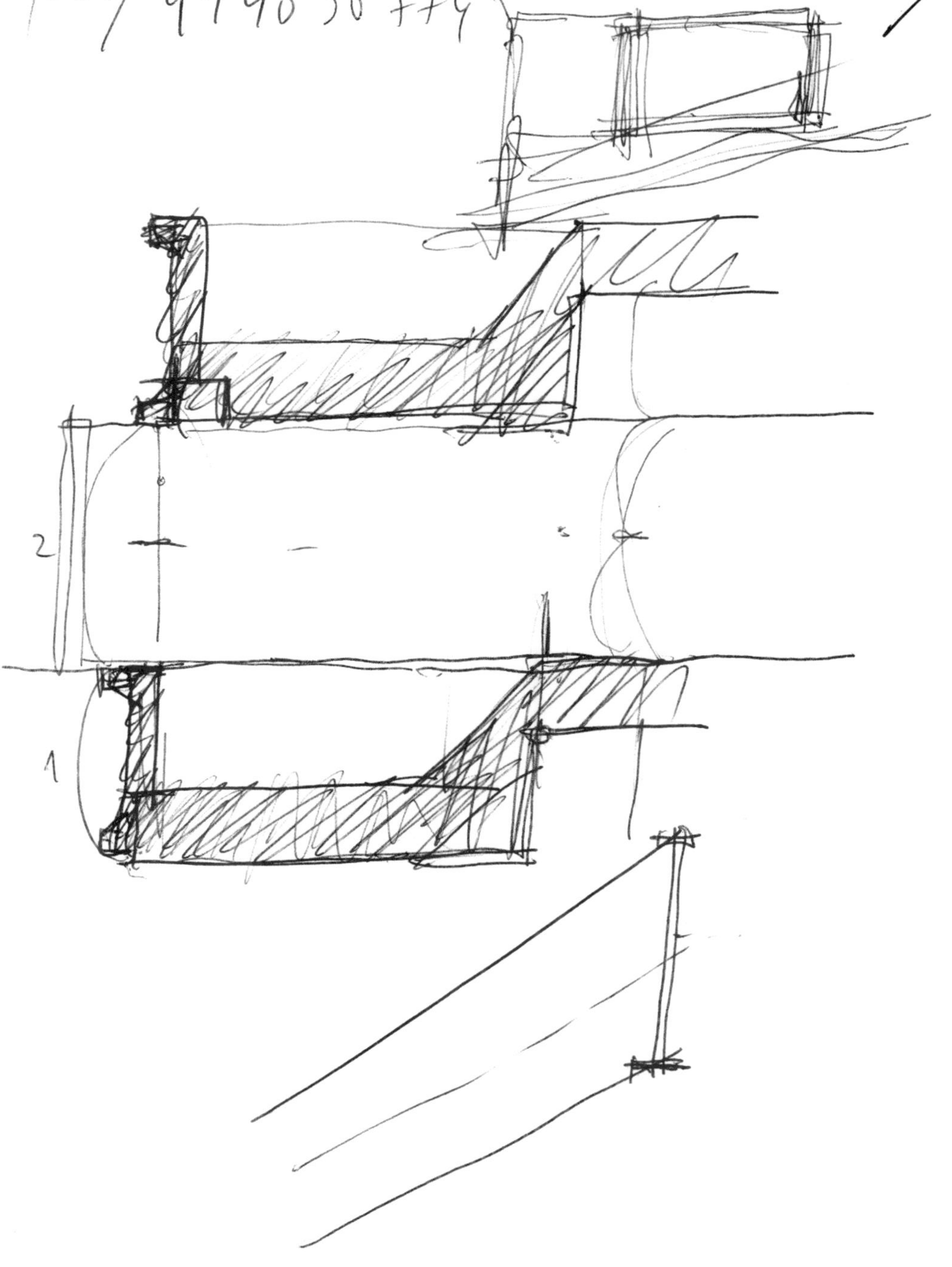

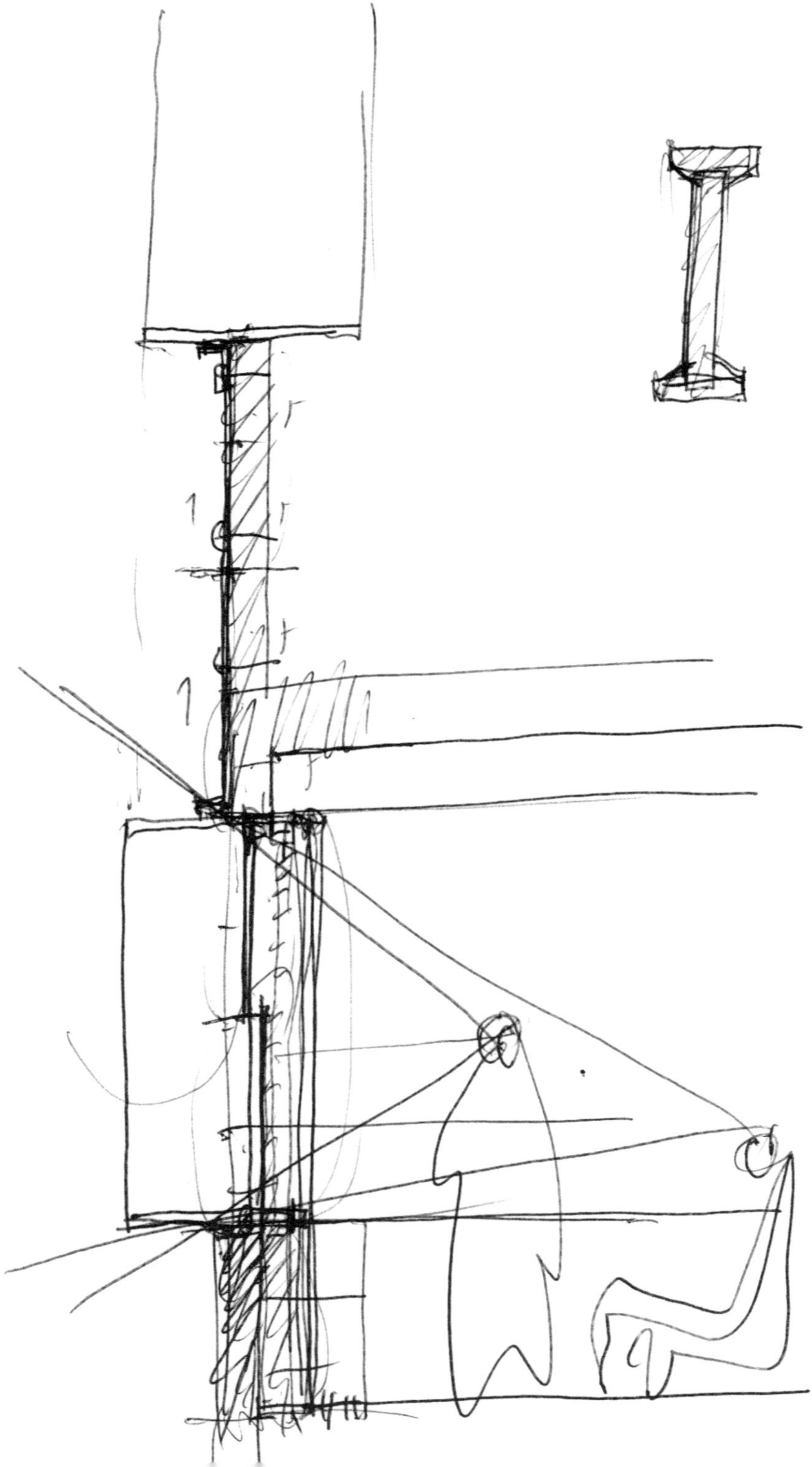

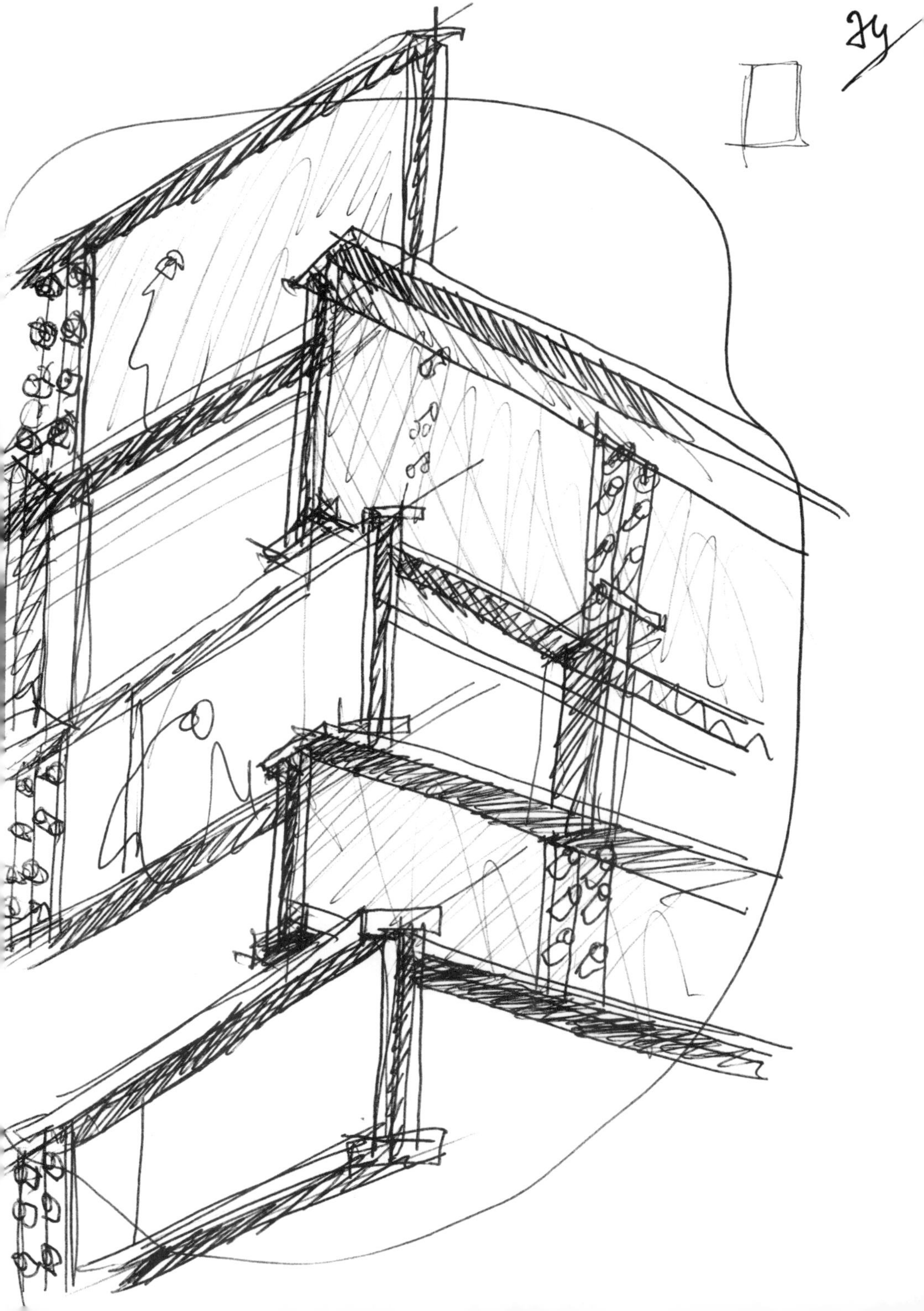

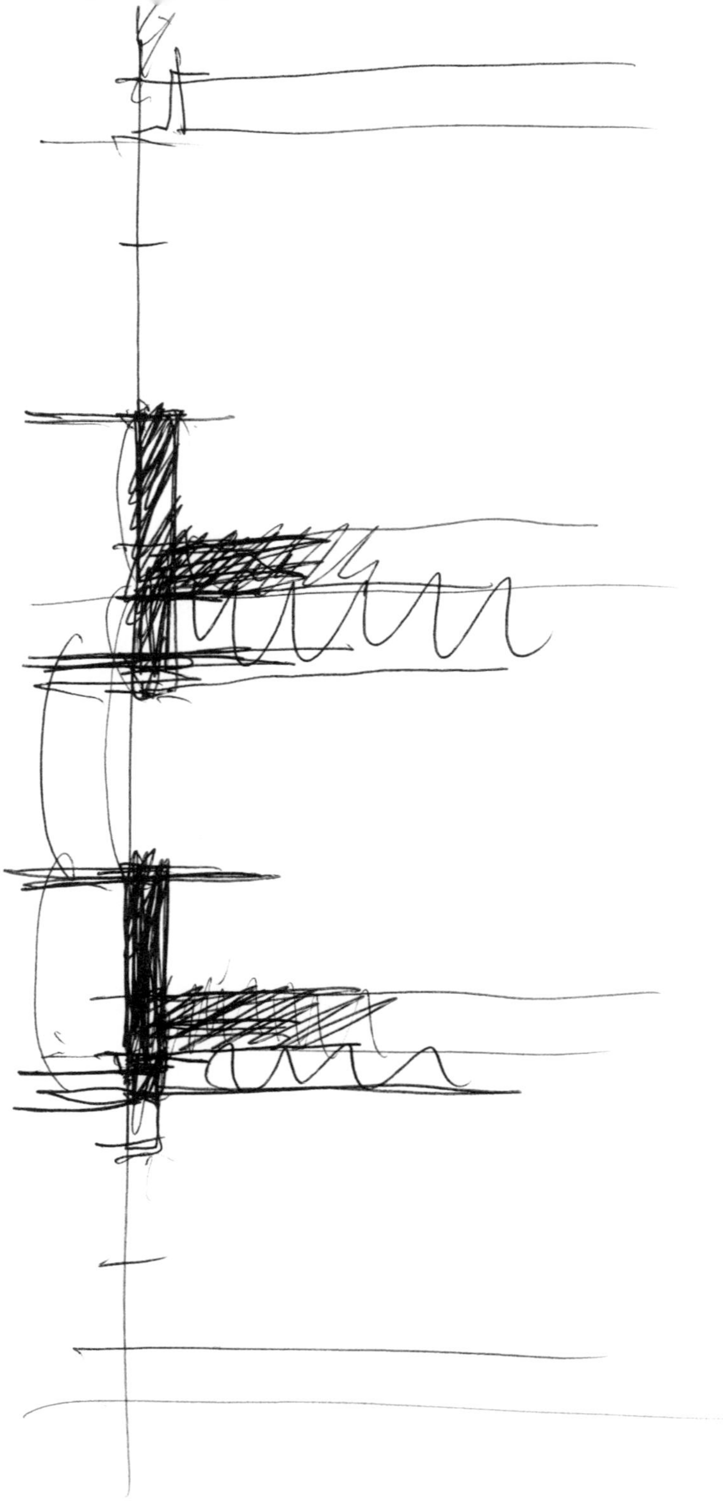

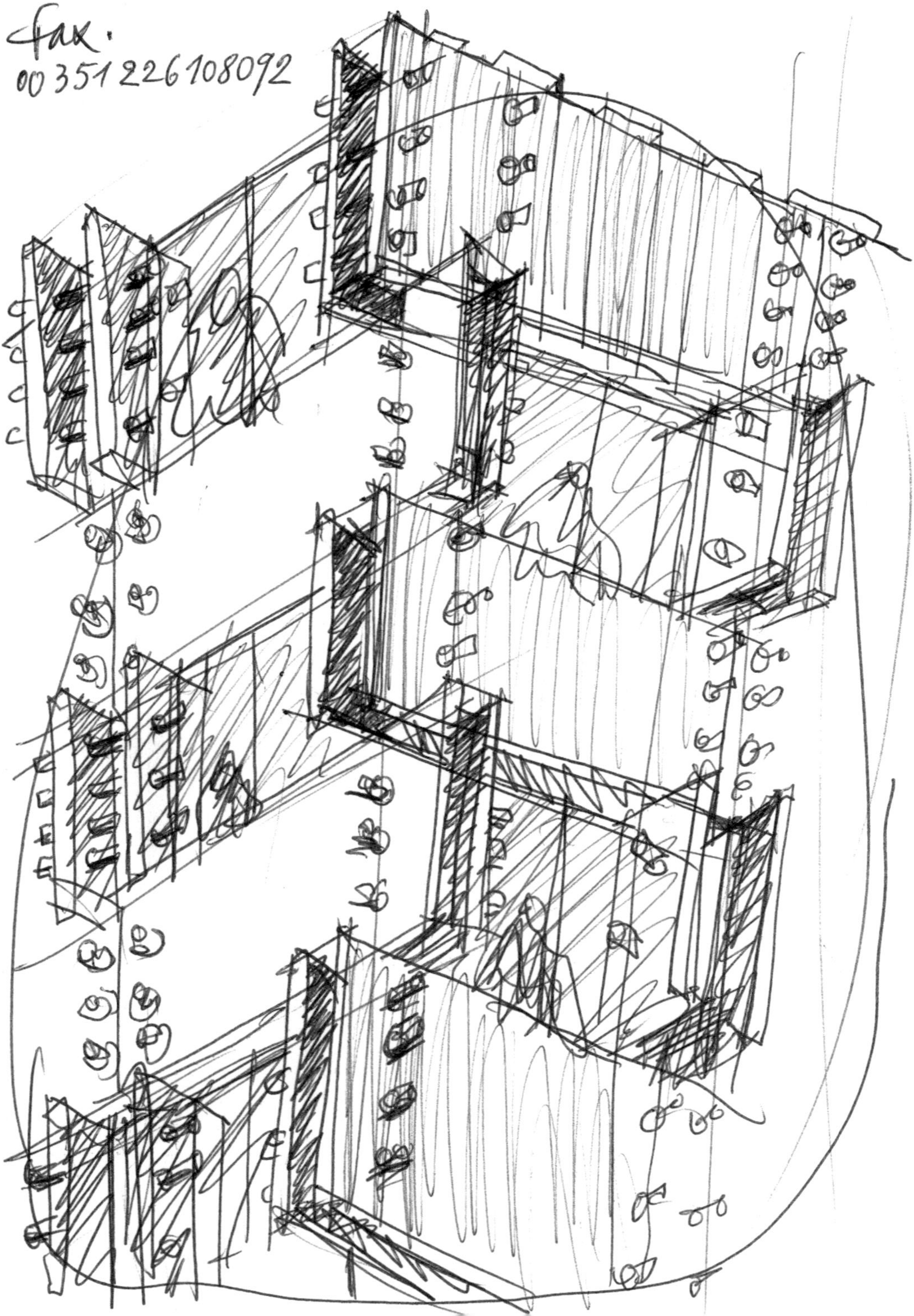
fax.
00351226108092

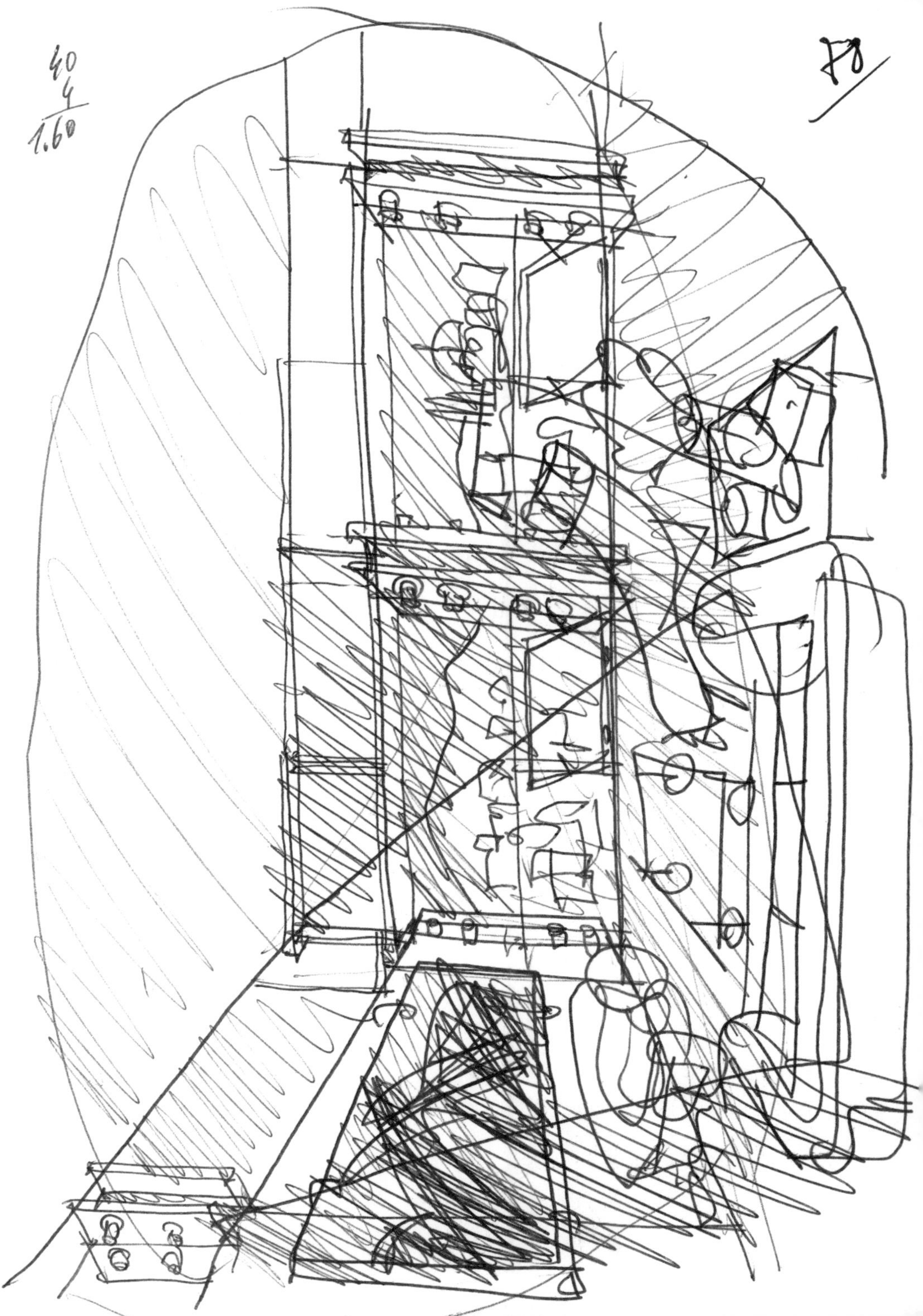
40
4
1.60

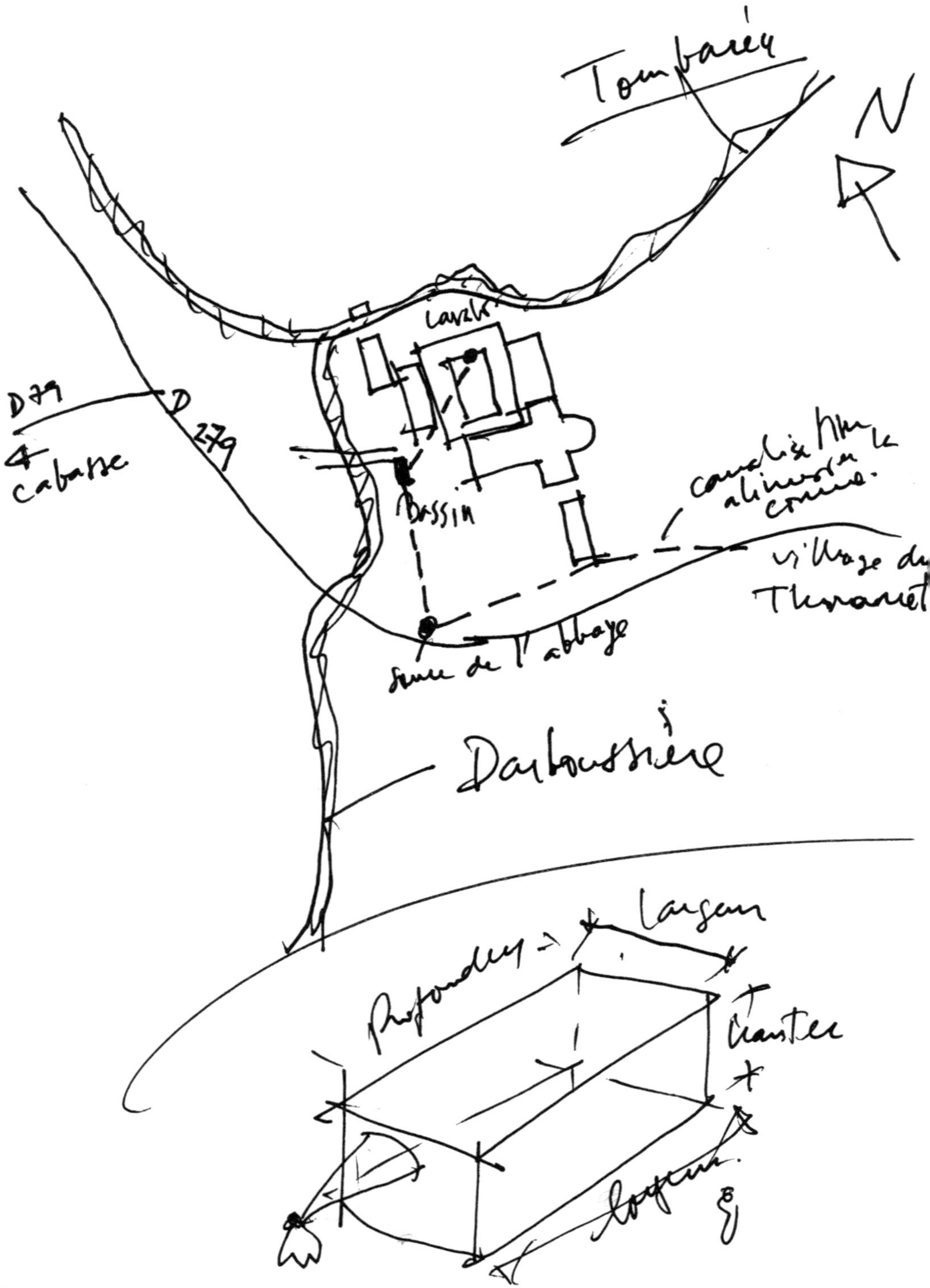
N
D 79
cabasse
D 279
Bassin
village du Thoronet
source de l'abbaye
Darboussière
Largeur
Profondeur
Hauteur
Longueur

"Qu'est-ce que Dieu? Il est 80/
tout à la fois, longueur, largeur
hauteur et profondeur".

La longueur – l'éternité
La largeur à la charité.
La profondeur, à la sagesse
La Hauteur à sa puissance.

... Telles sont exprimées les
dimensions divines.

Segunda - feira

~~8,30~~ -
1- 9,30 – Chegar escritório
10h – Via aeroporto.
19,30 – Ti Bogalho / Fogão de Amoreiras
11 – Queiroz – /

2 – Falar Rui
3 – Eng / Paulino / Braga
4 – " Banco Espírito Santo / Mãe.
5 – Madre Leste. – / Visão.
6 – B.M.W. / € – euro.
~~7~~ Wilfried / António – / [illegible] (F PAD)

15.00 / Câmara de Viana / [illegible]
19.00 / Euro.

SINB
Ramos

→ Eng. Dias.
→ Nino guarda Moda

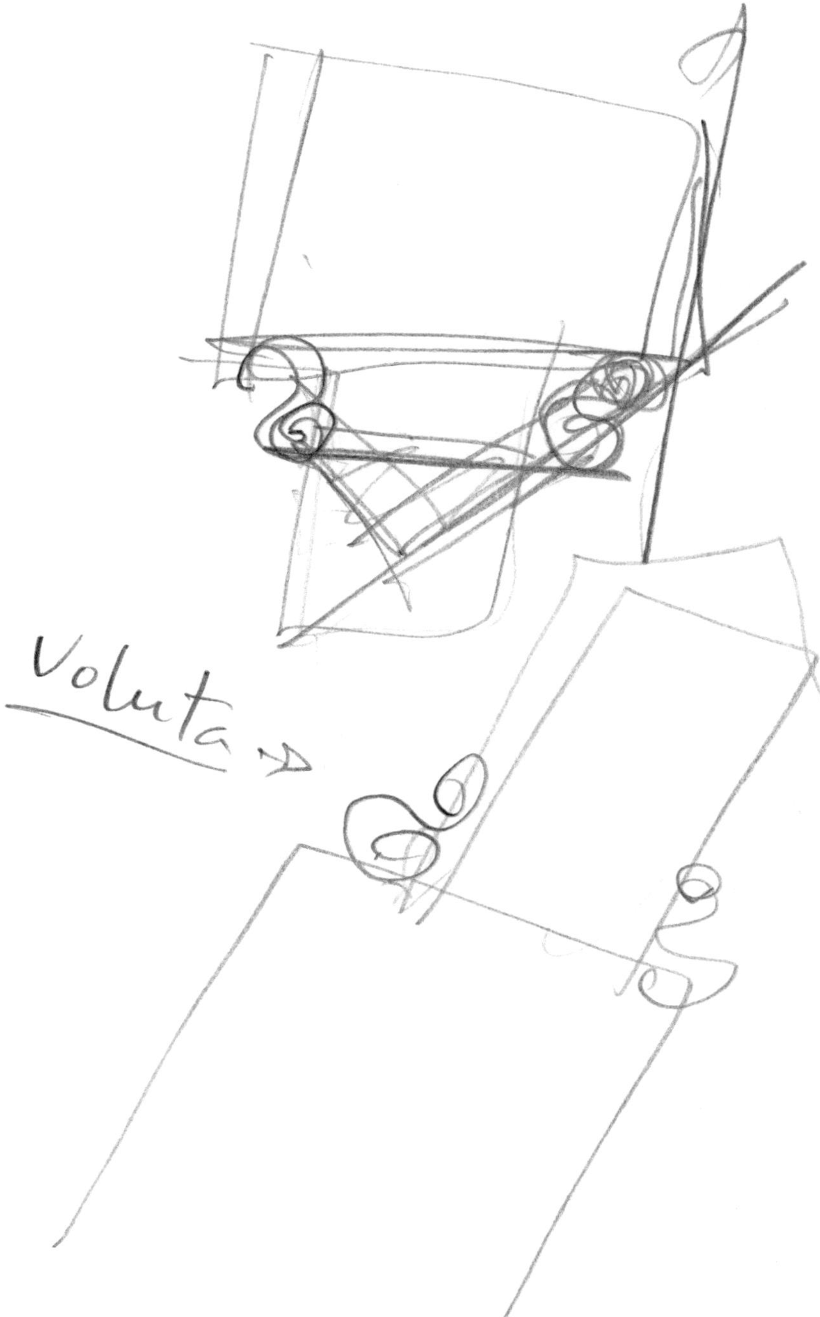
Voluta

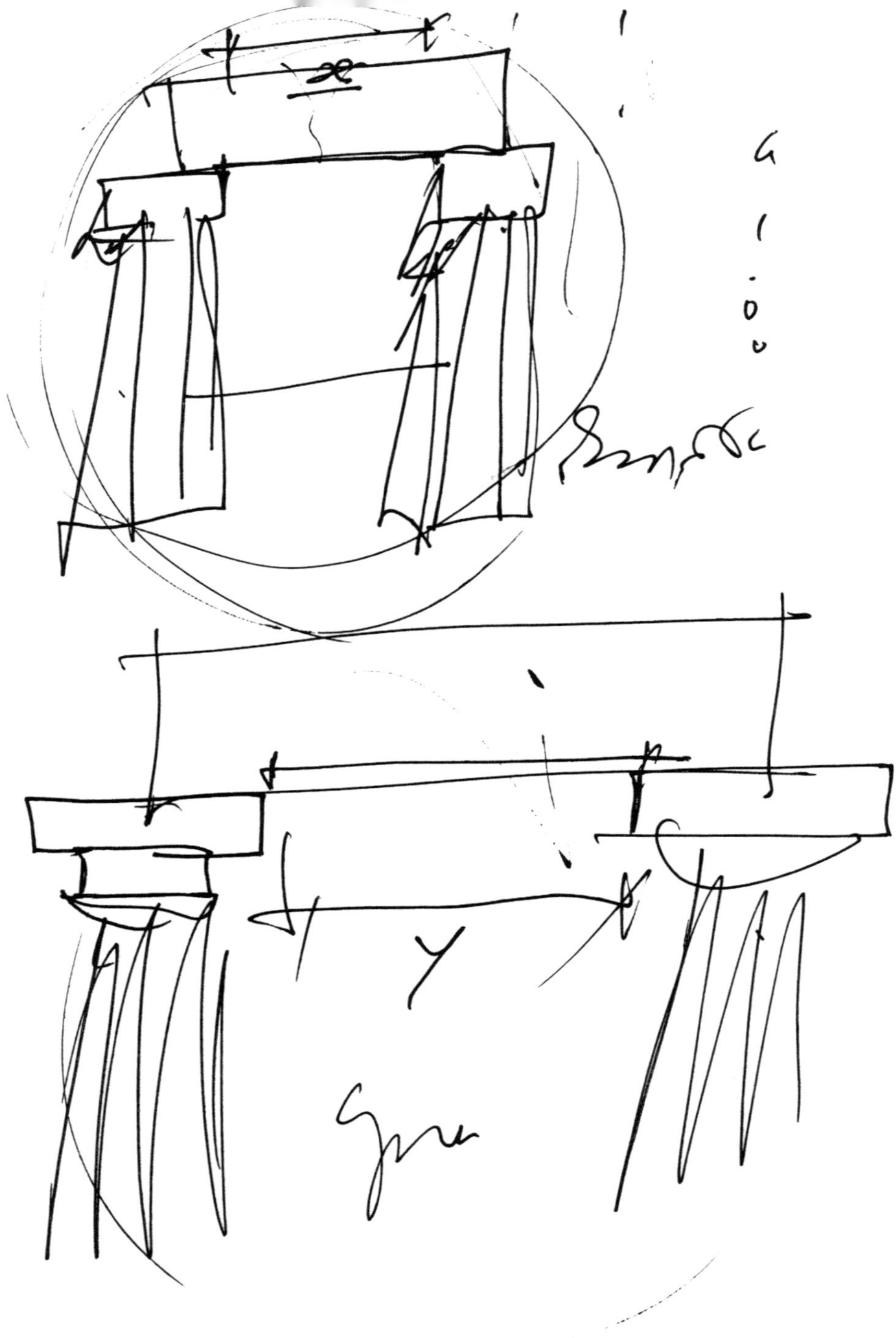
x
Y

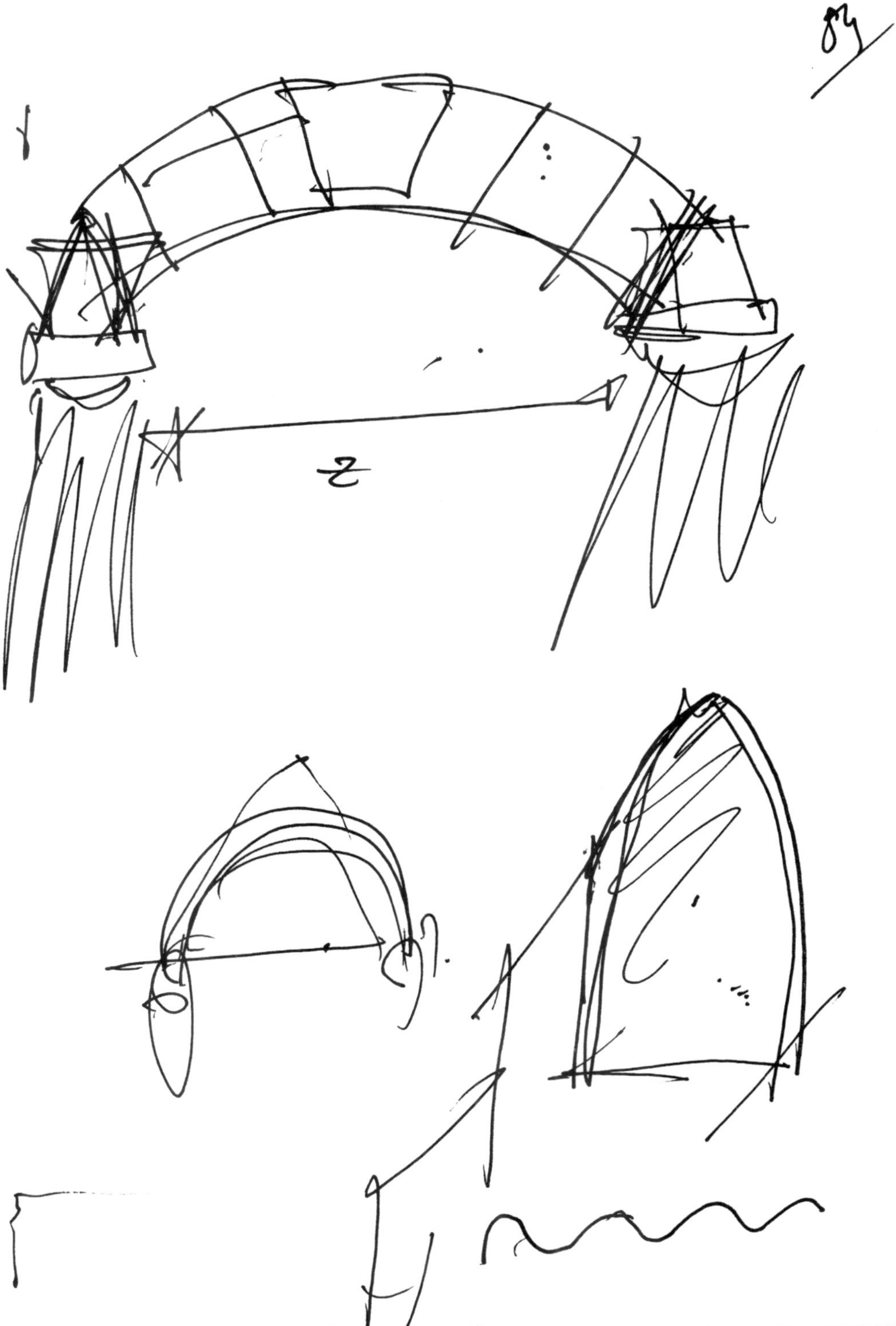

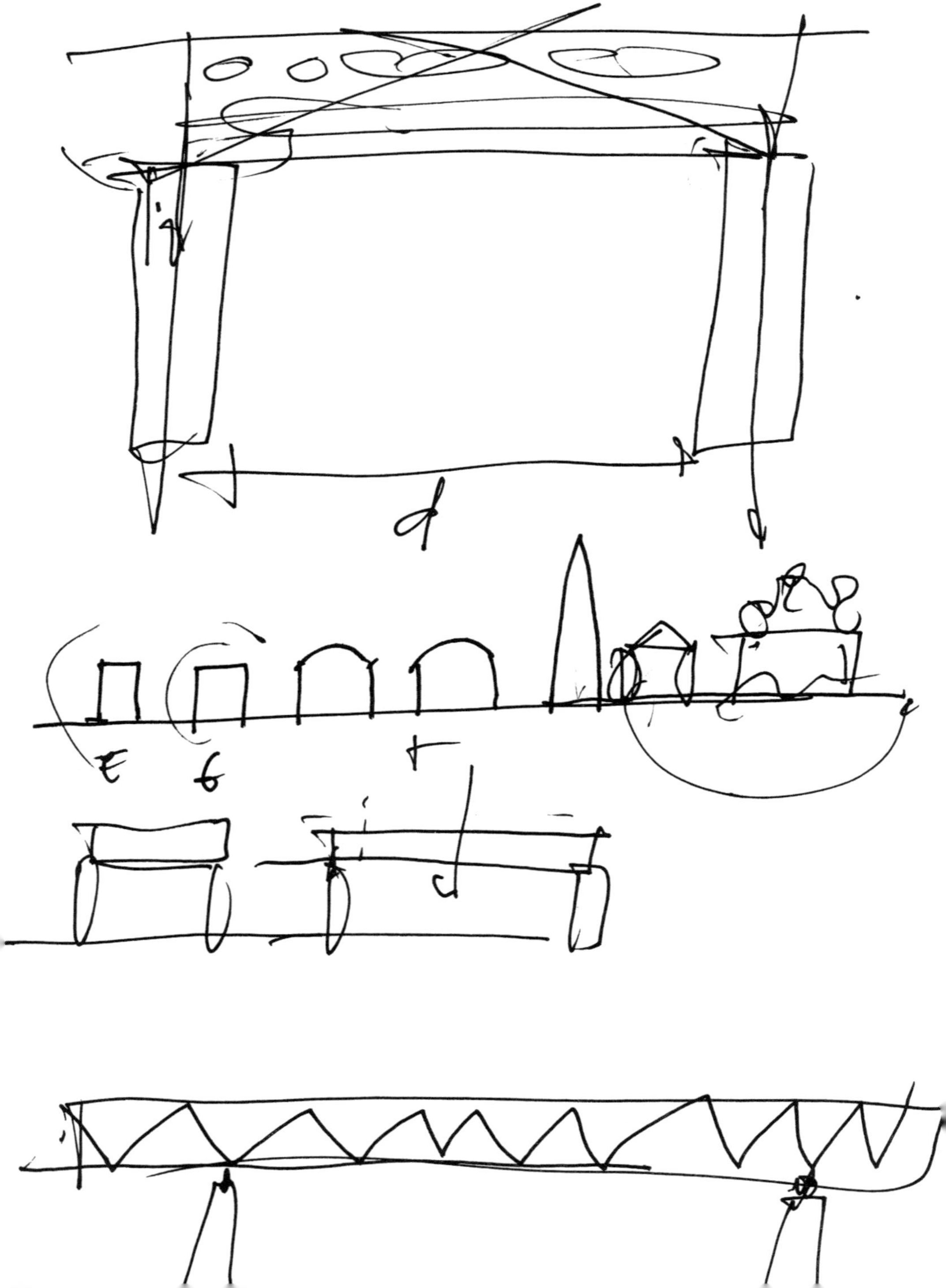

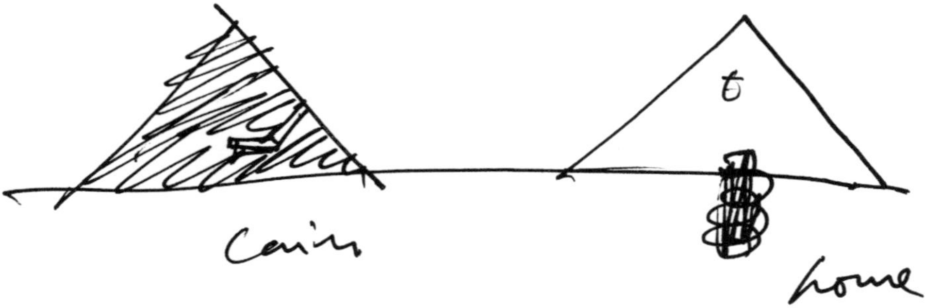
Cairn
home

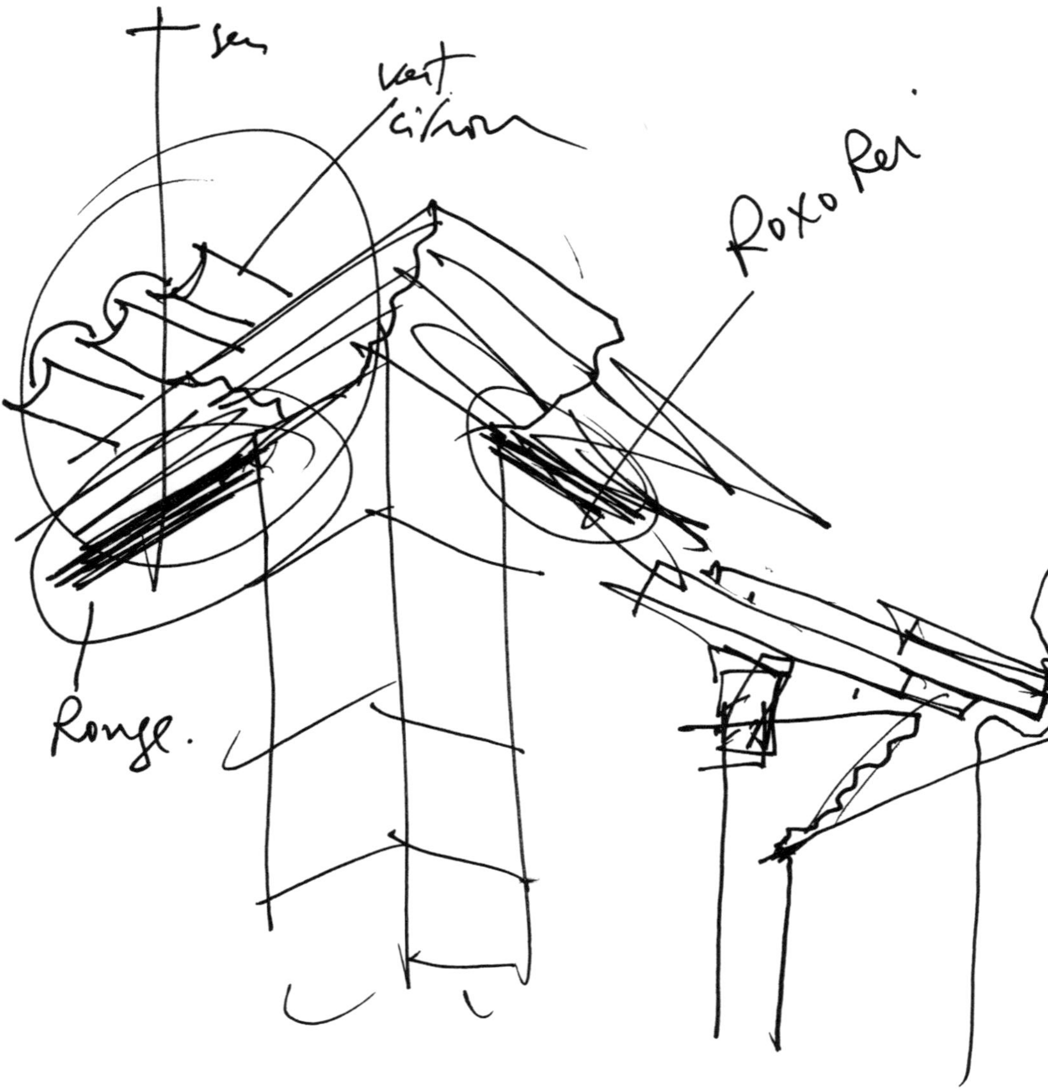
vert citron
Roxo Rei
Rouge.

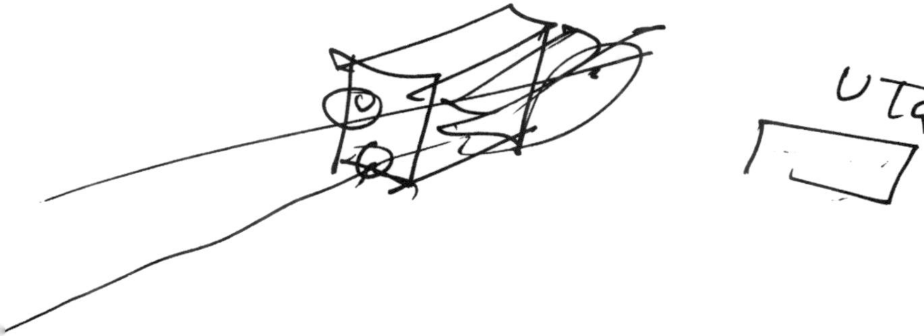
UTG

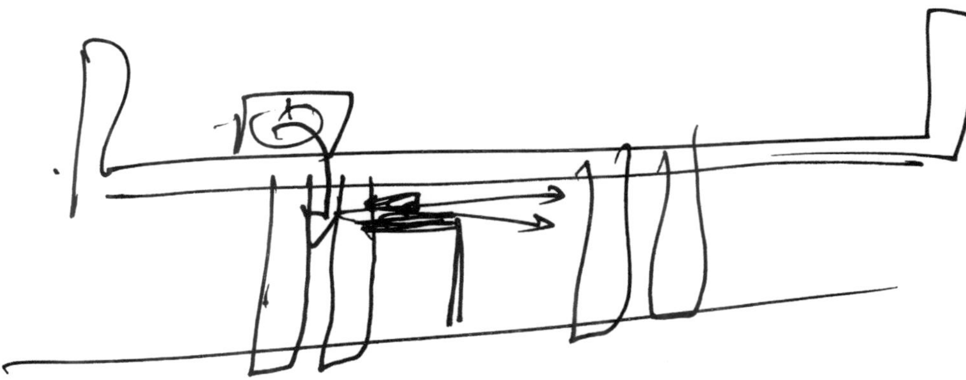

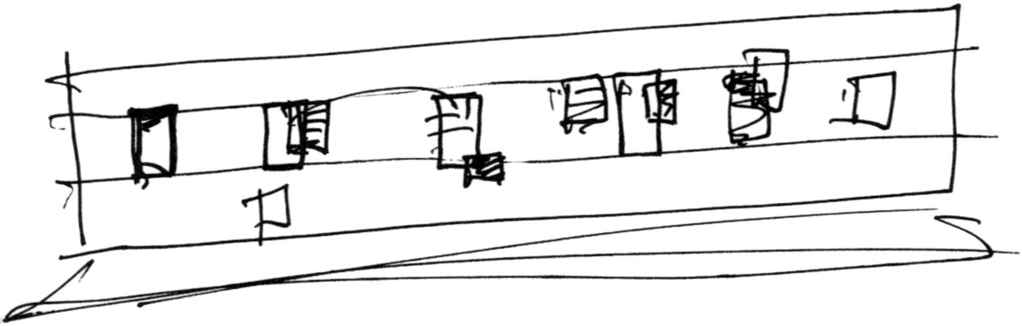

BOURD

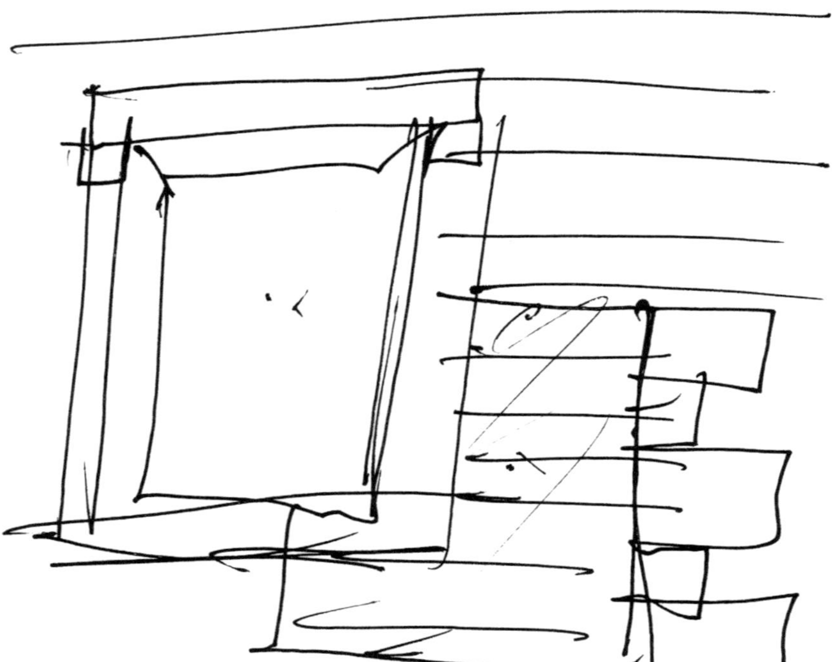

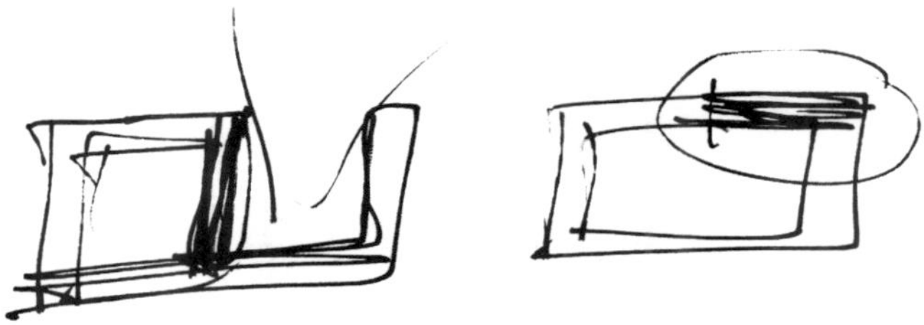

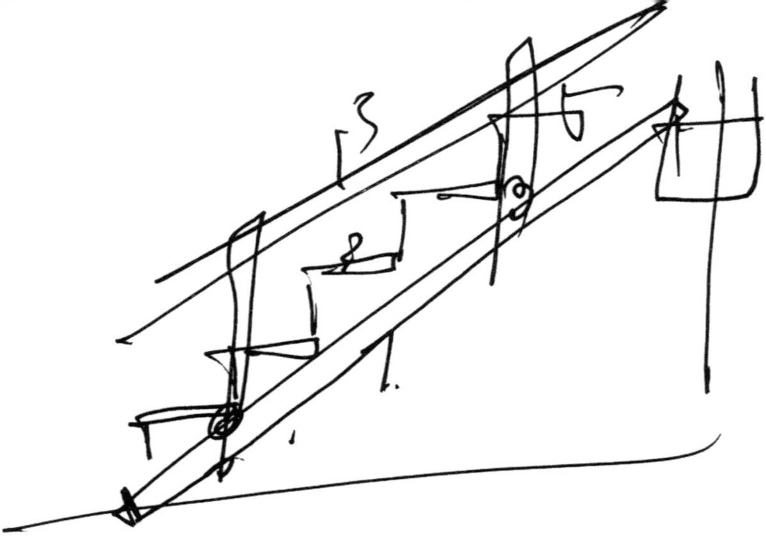

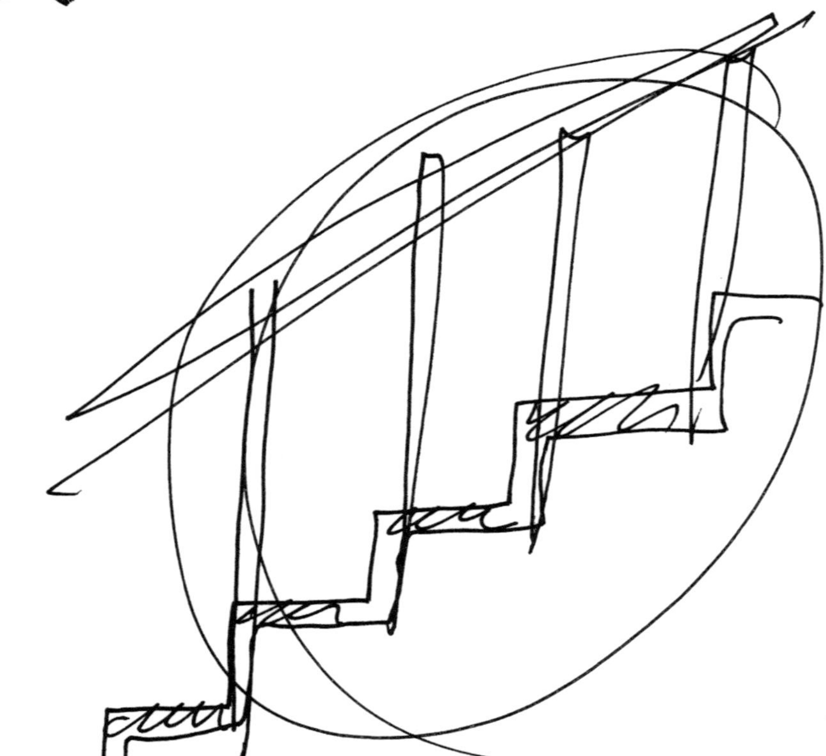

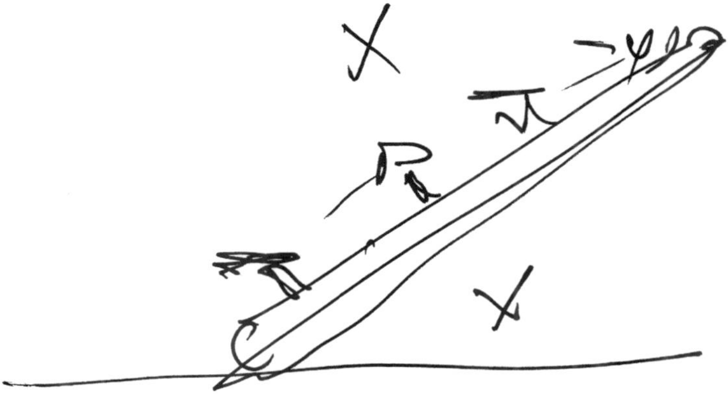

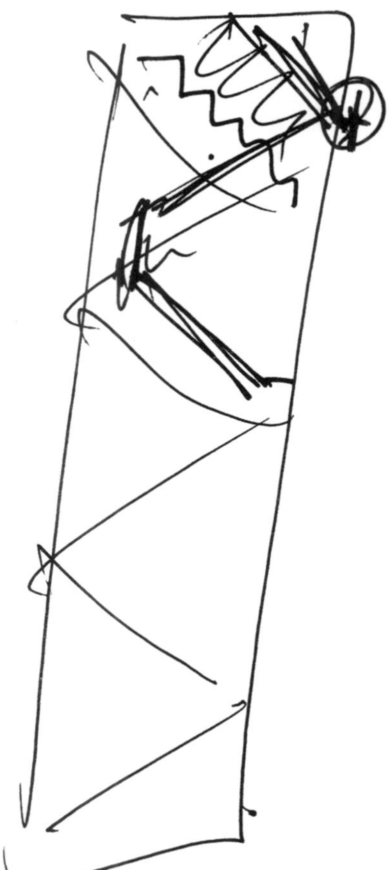

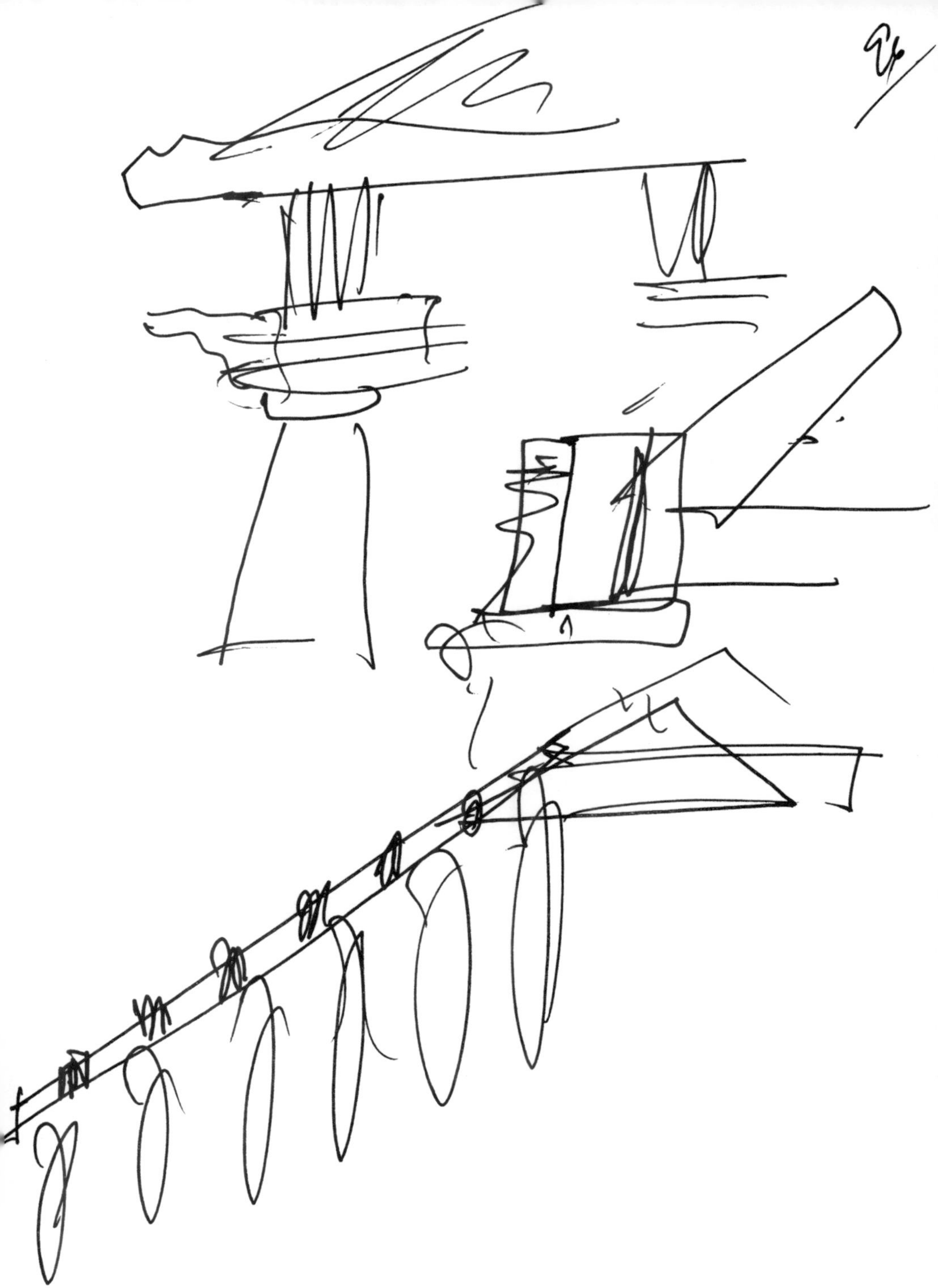

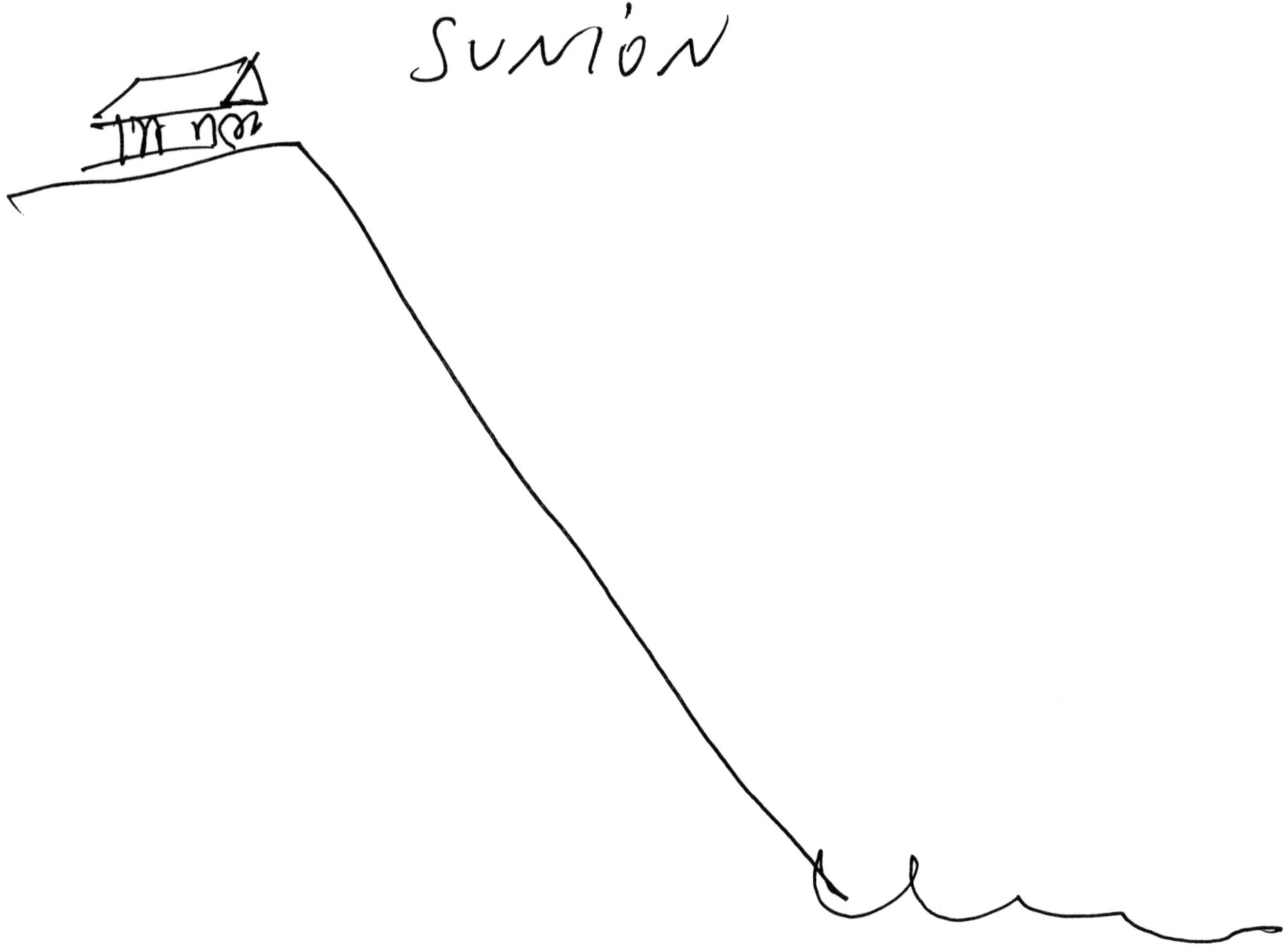
Sunión

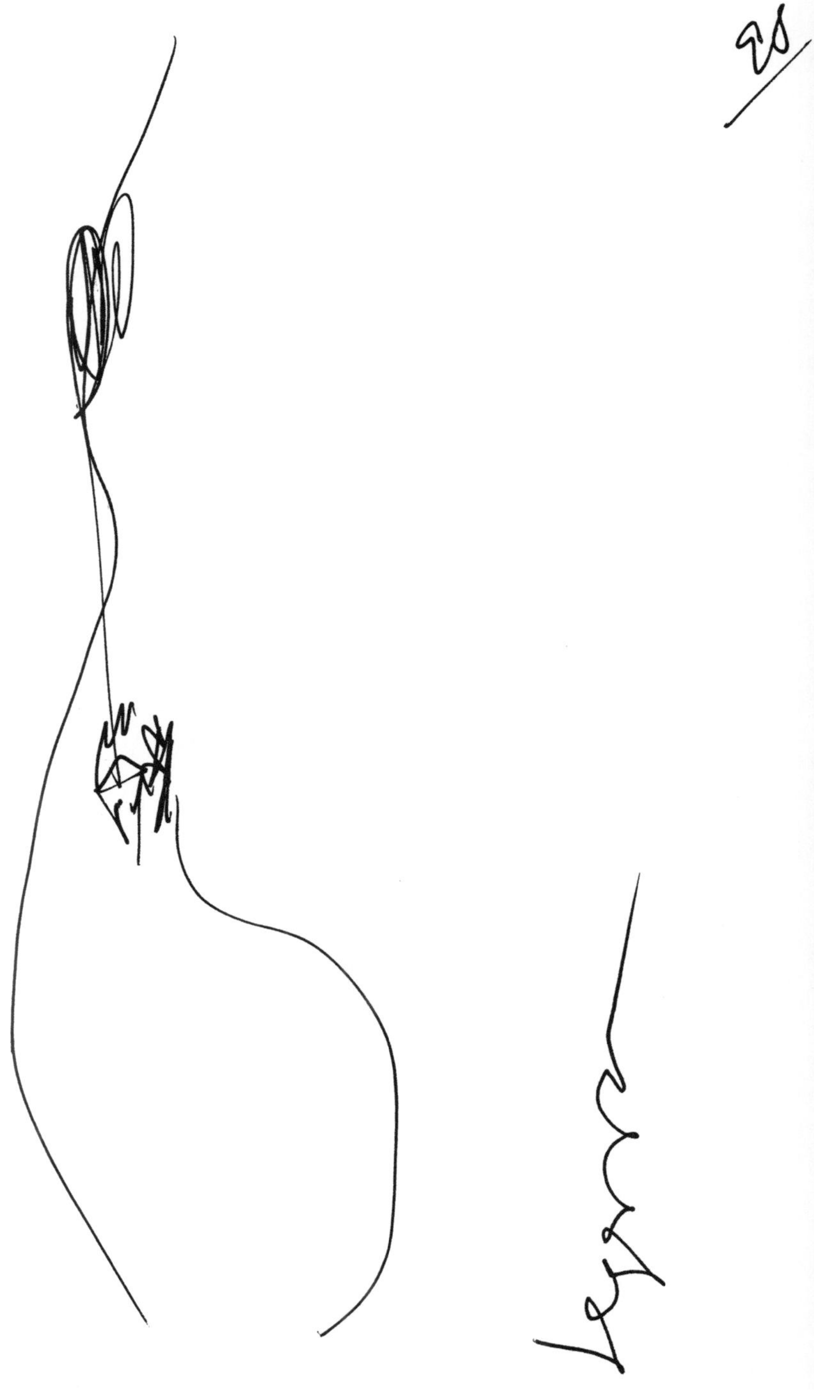

Piave

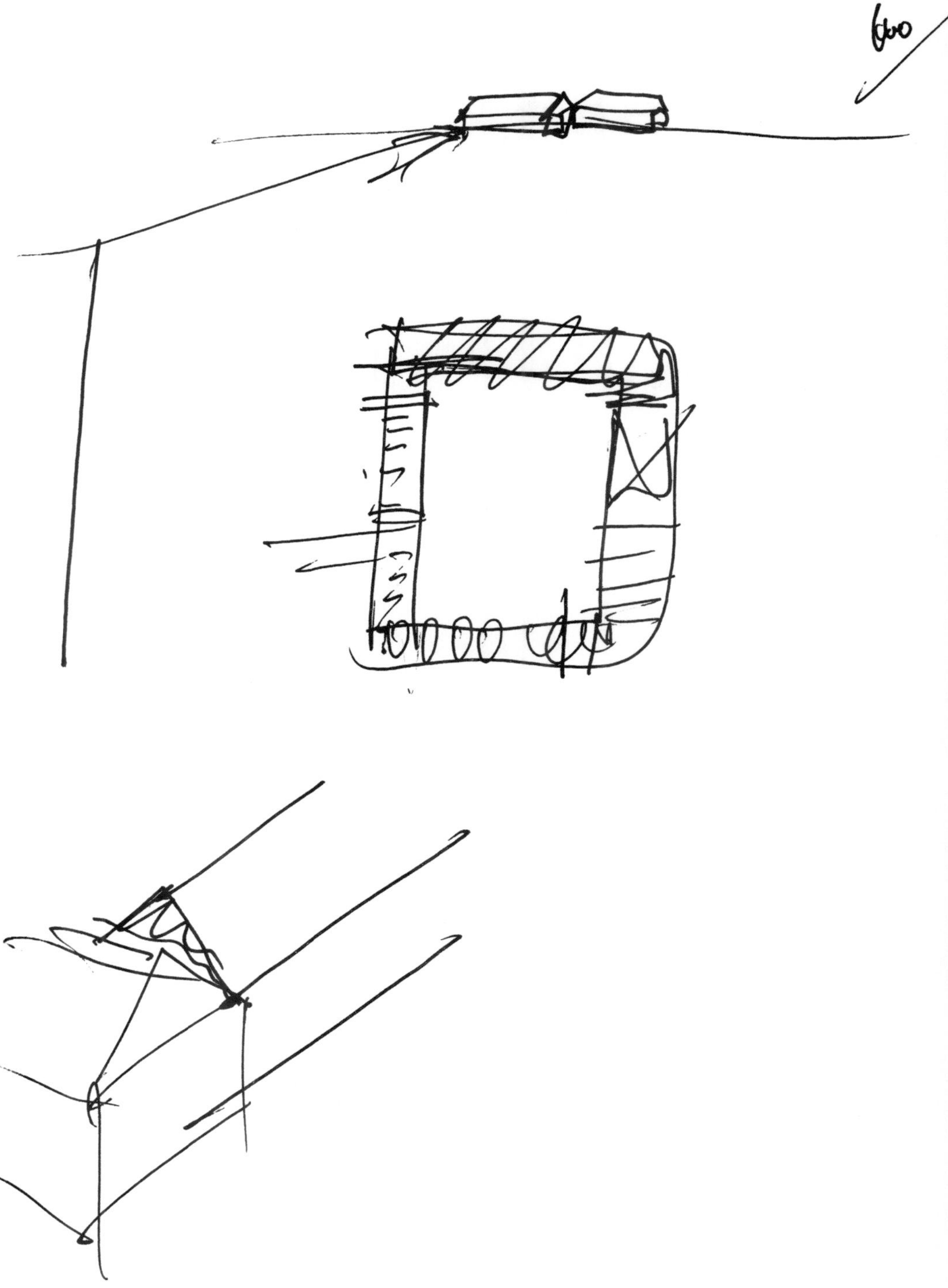
600

Barocal

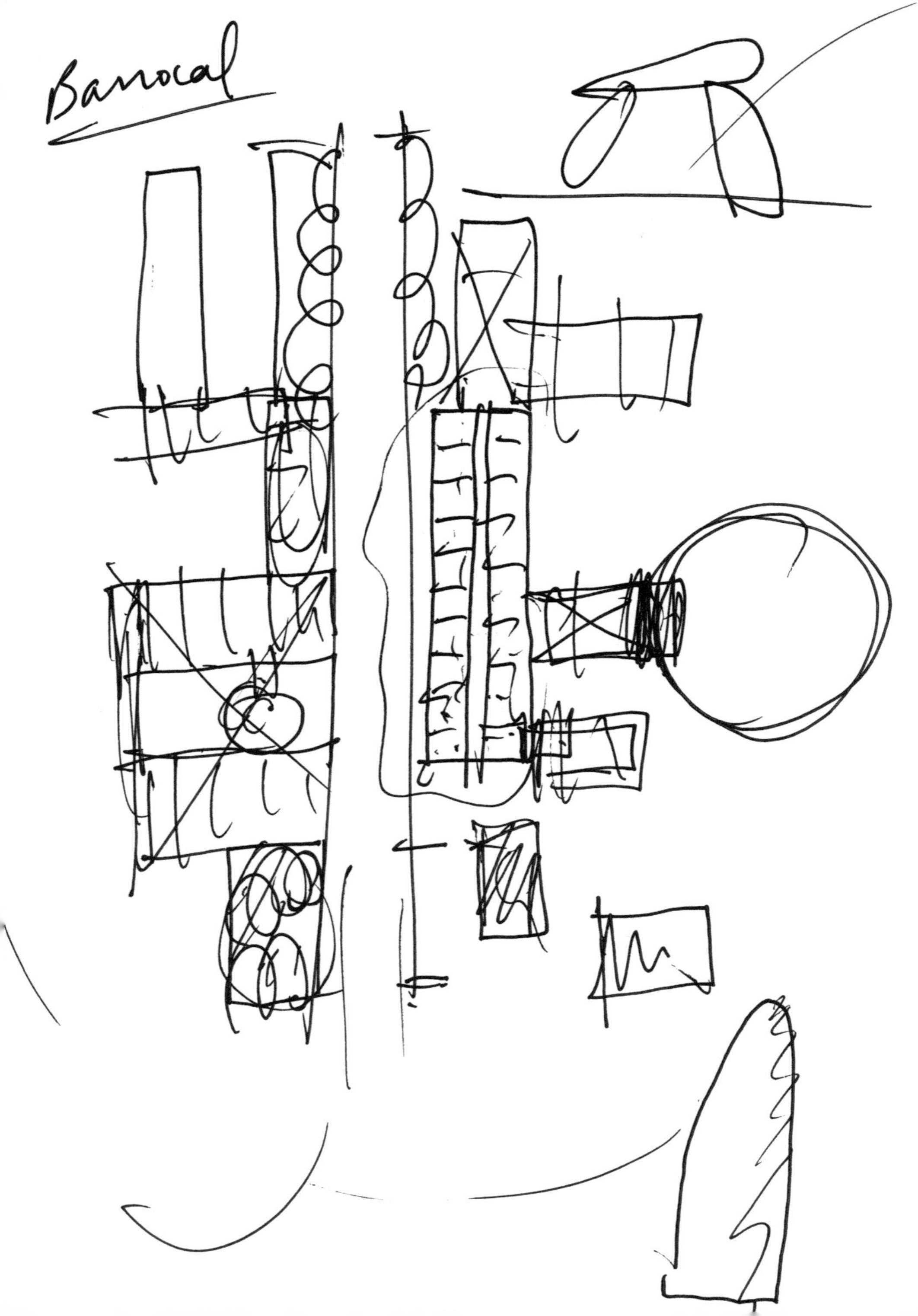

62

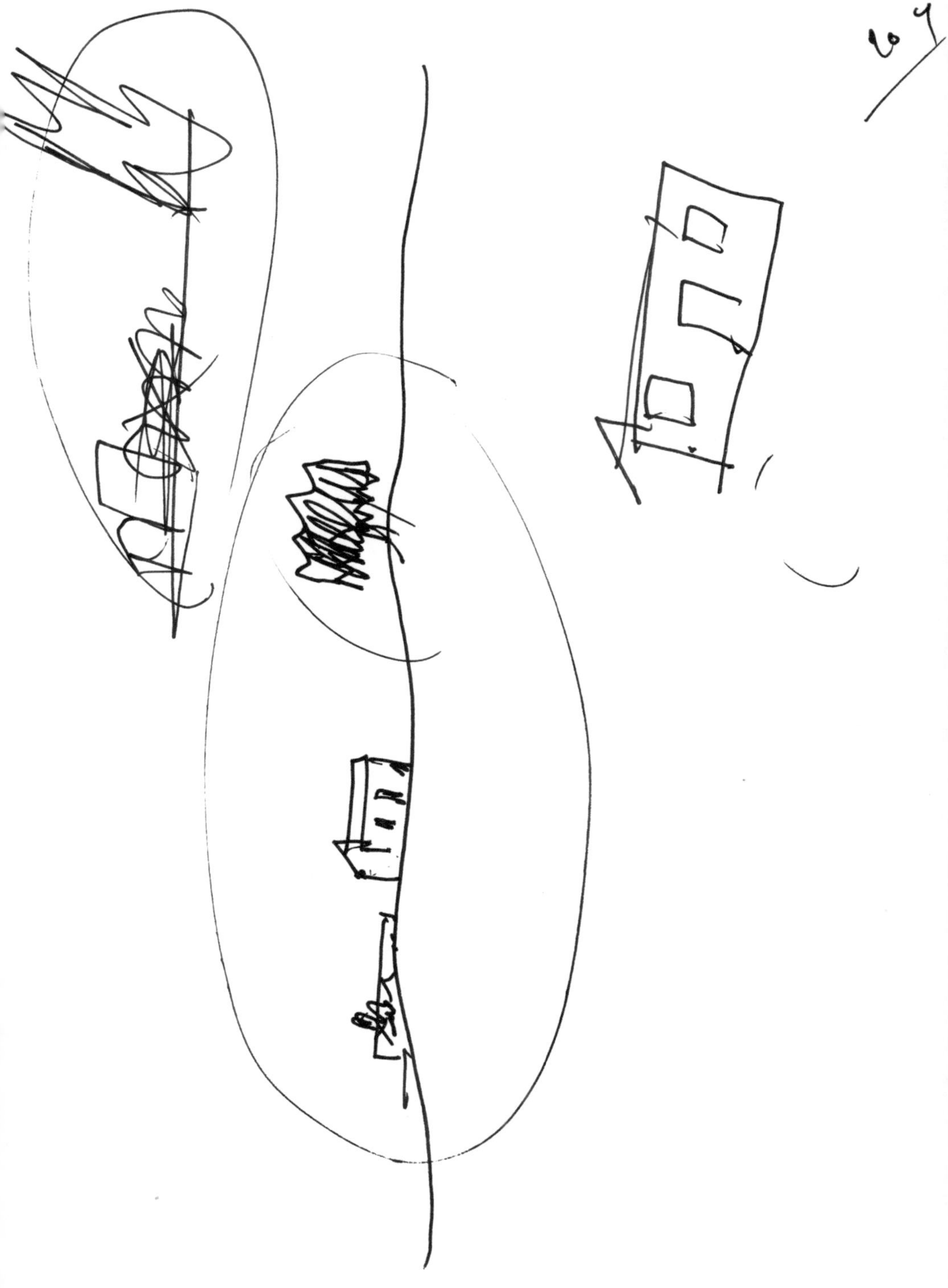

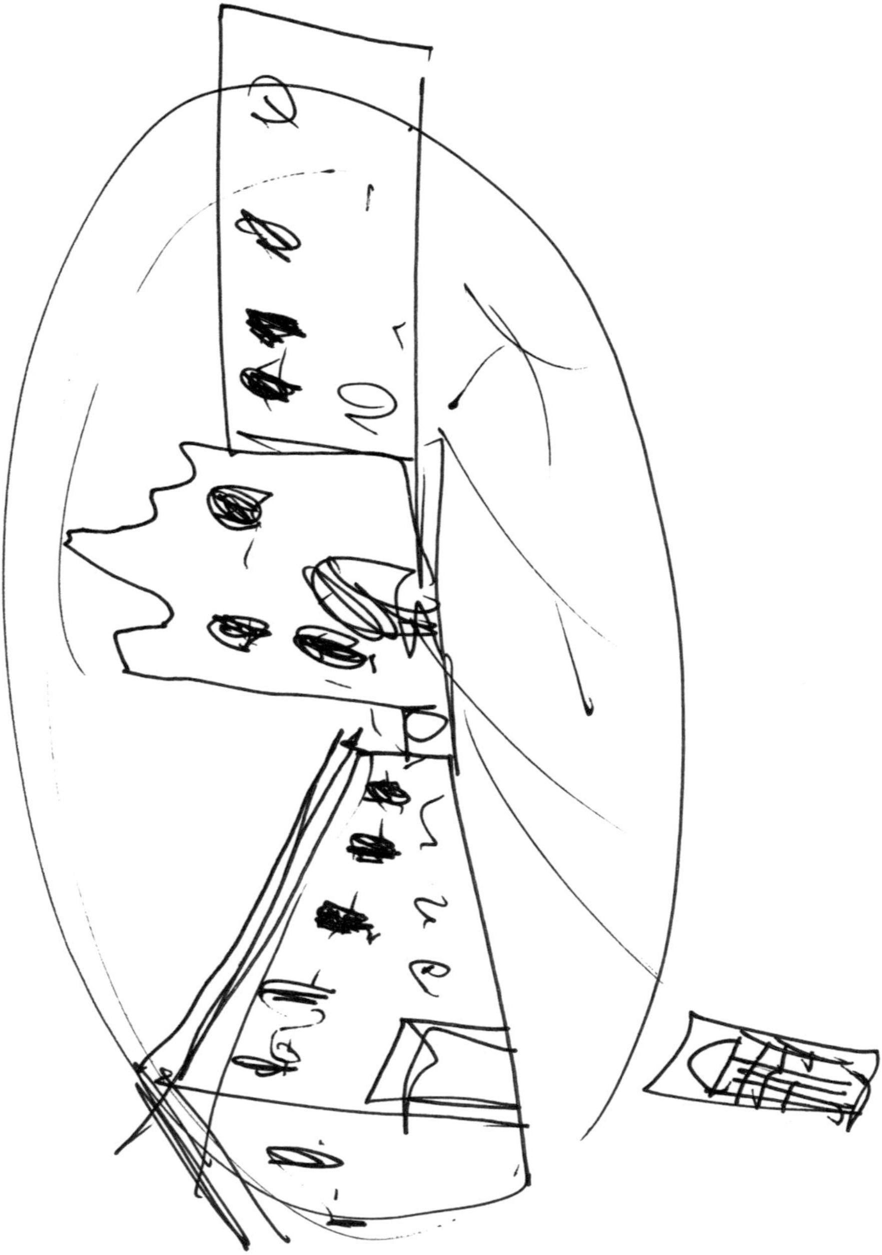

6 0 6
2,5
3.5
2

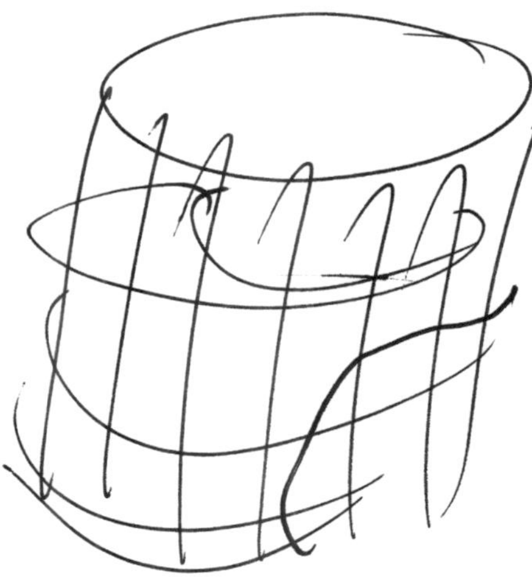

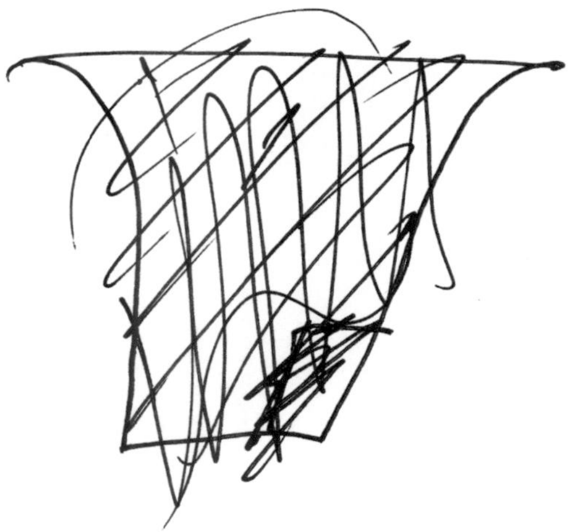

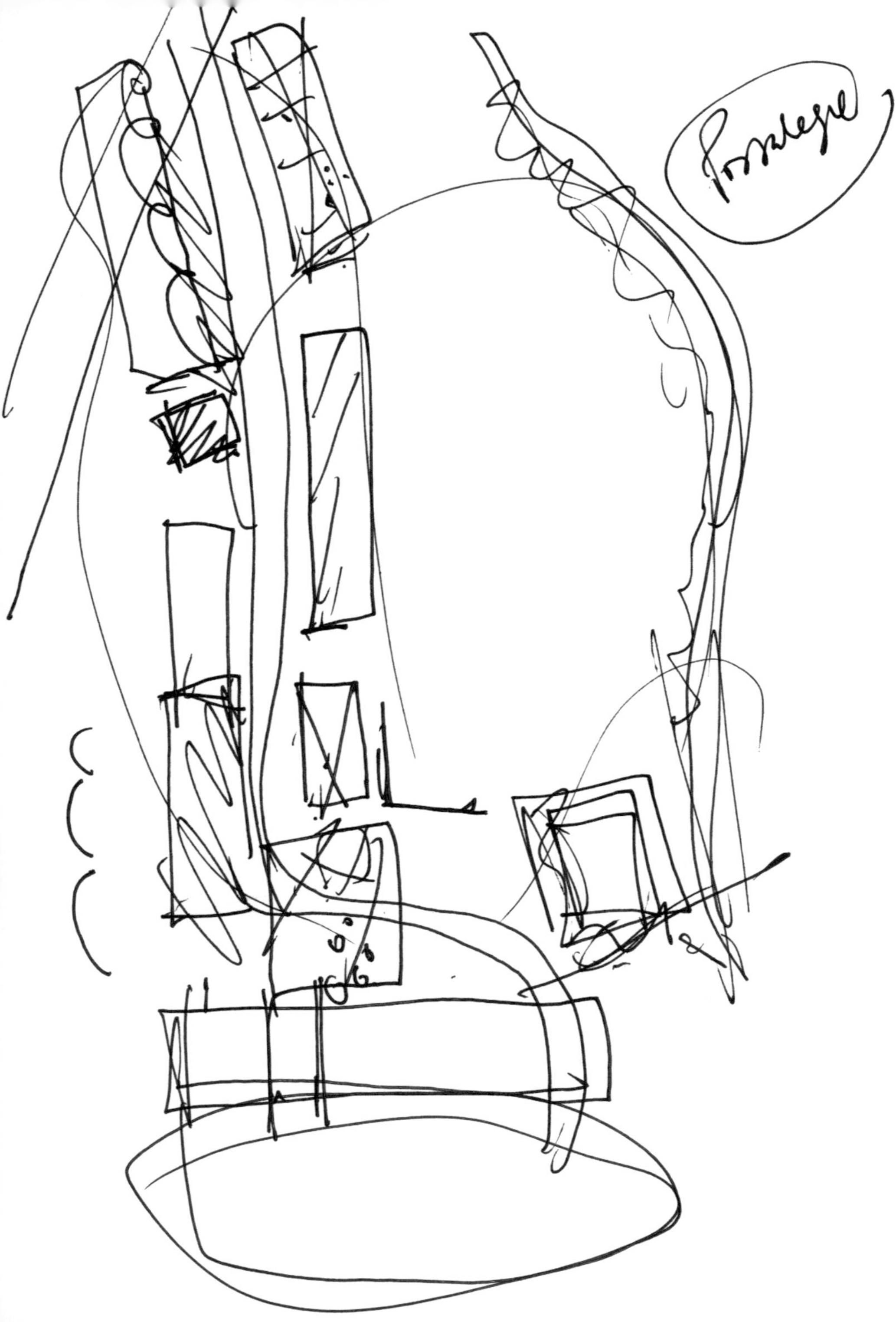

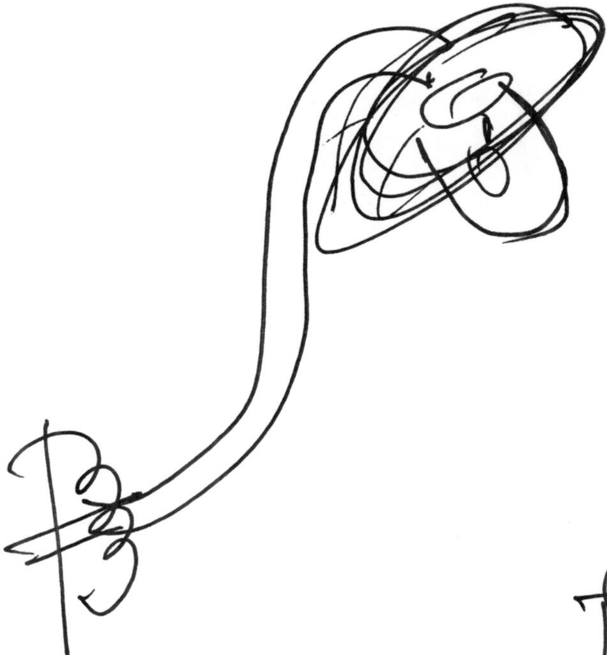

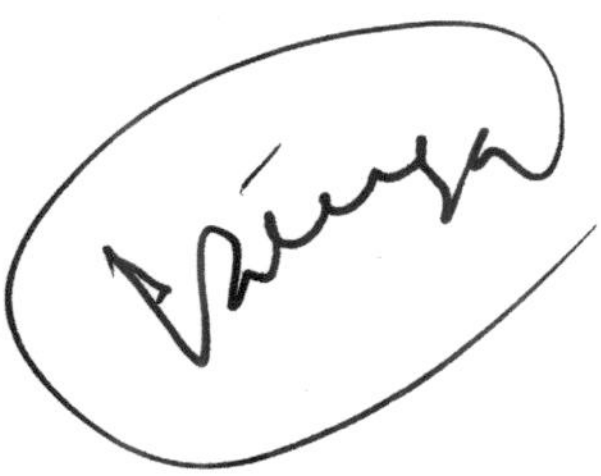

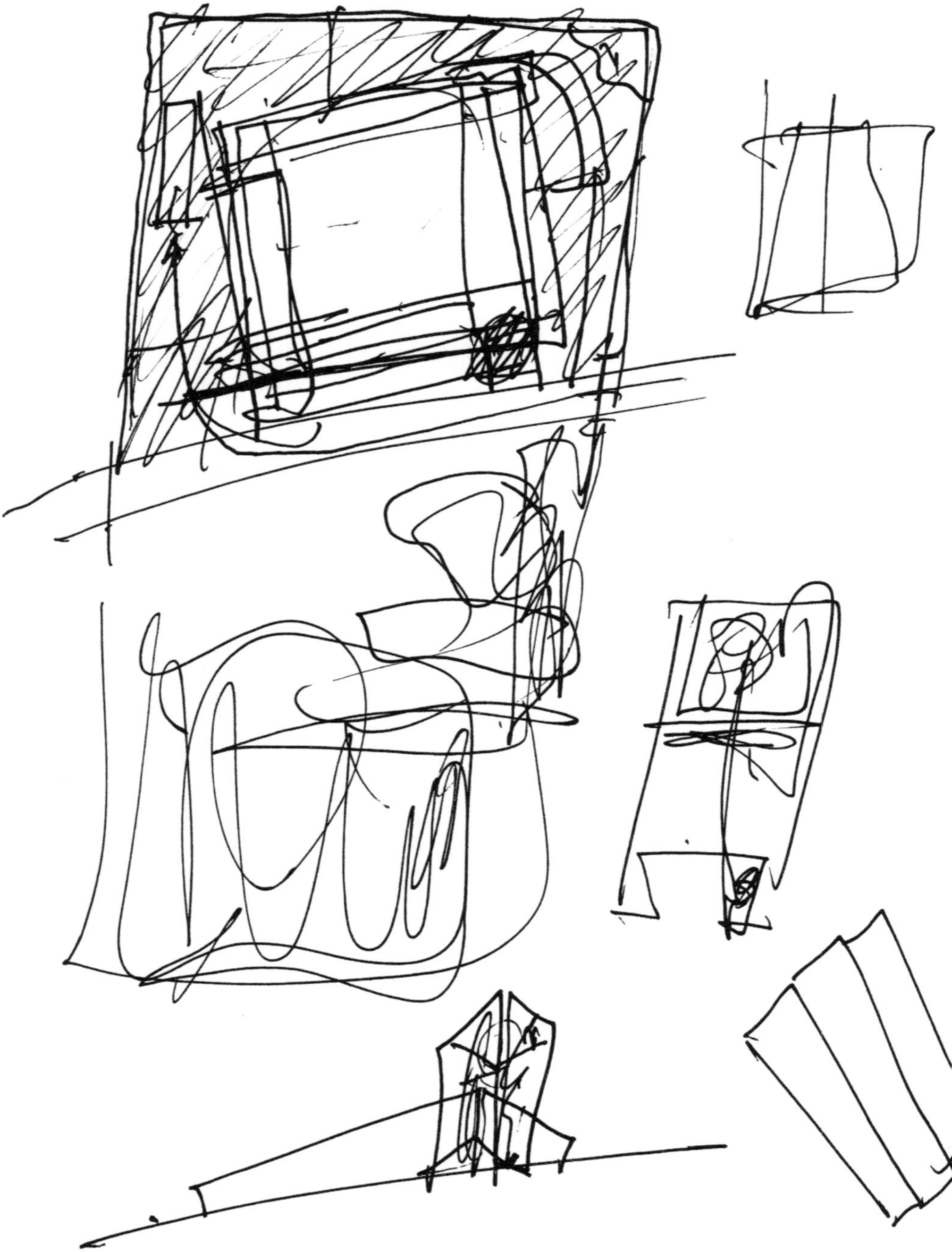

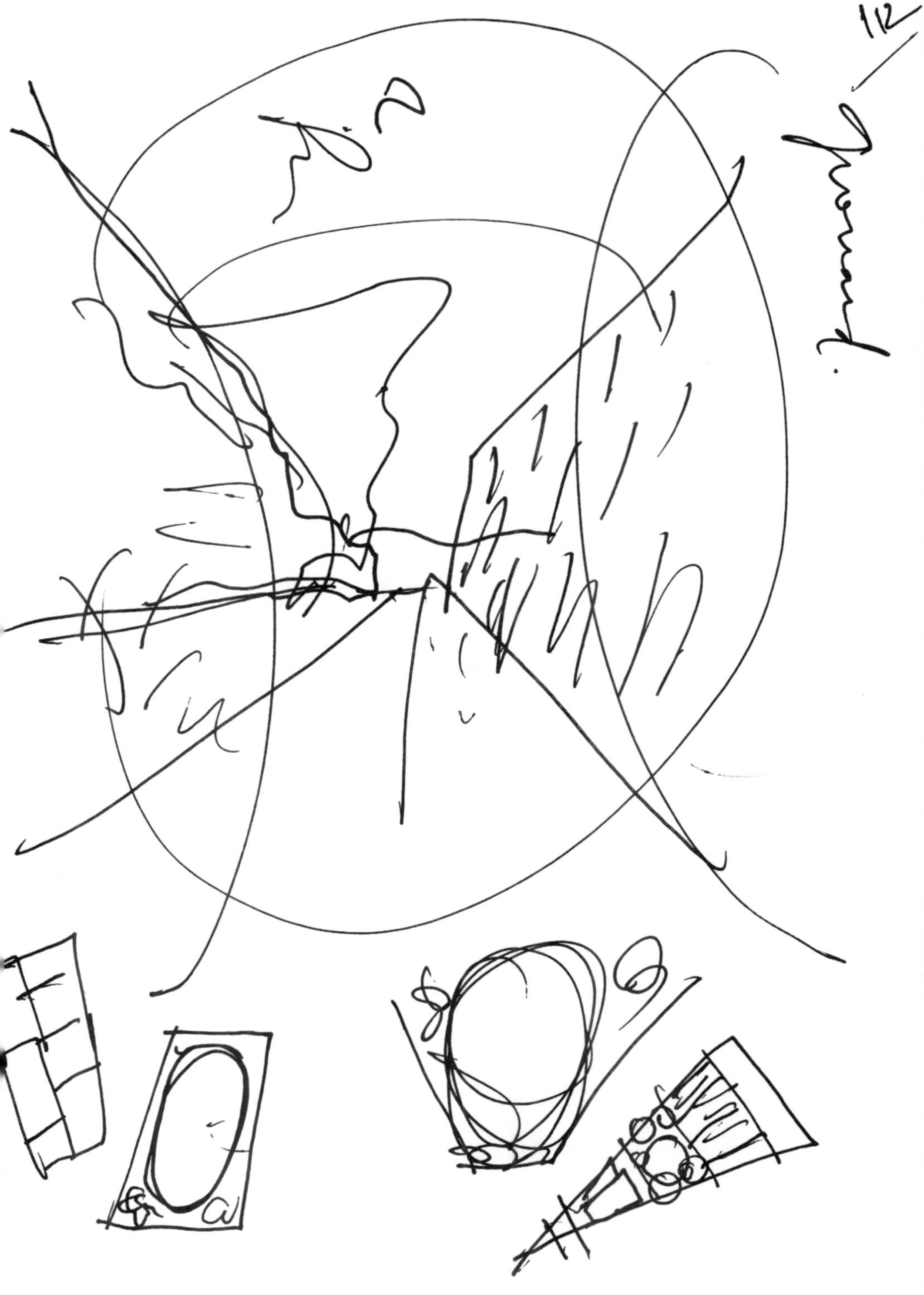

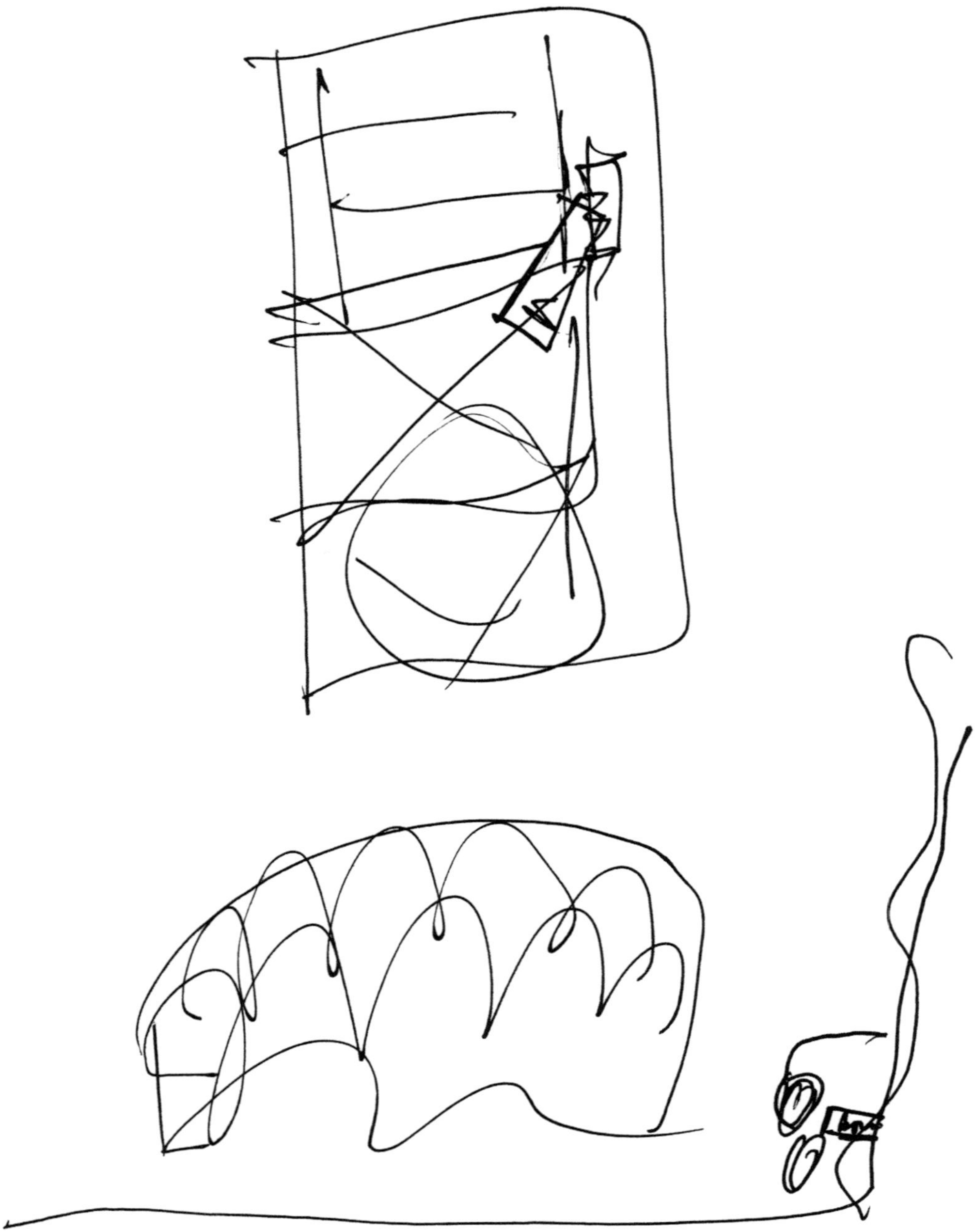

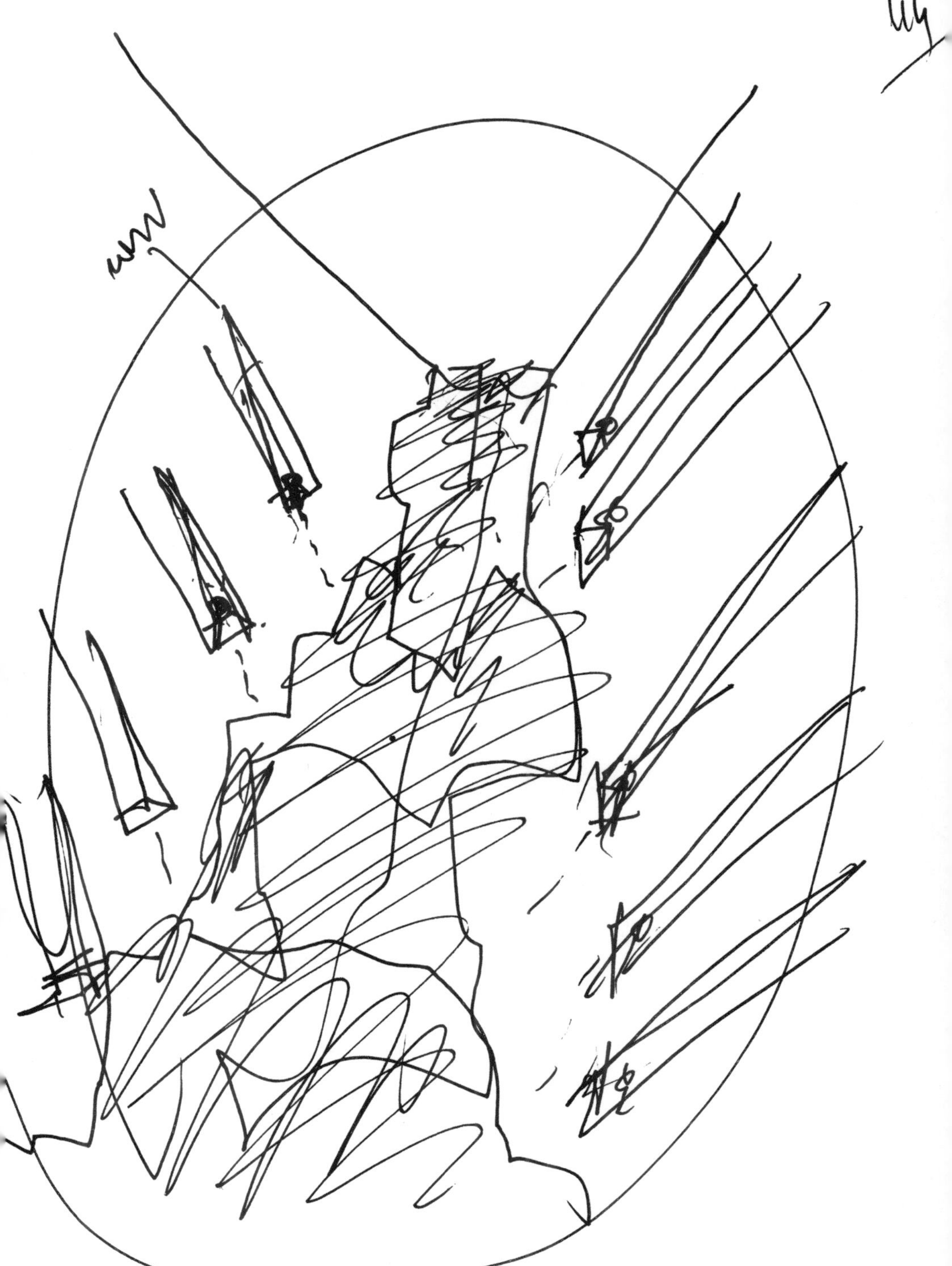

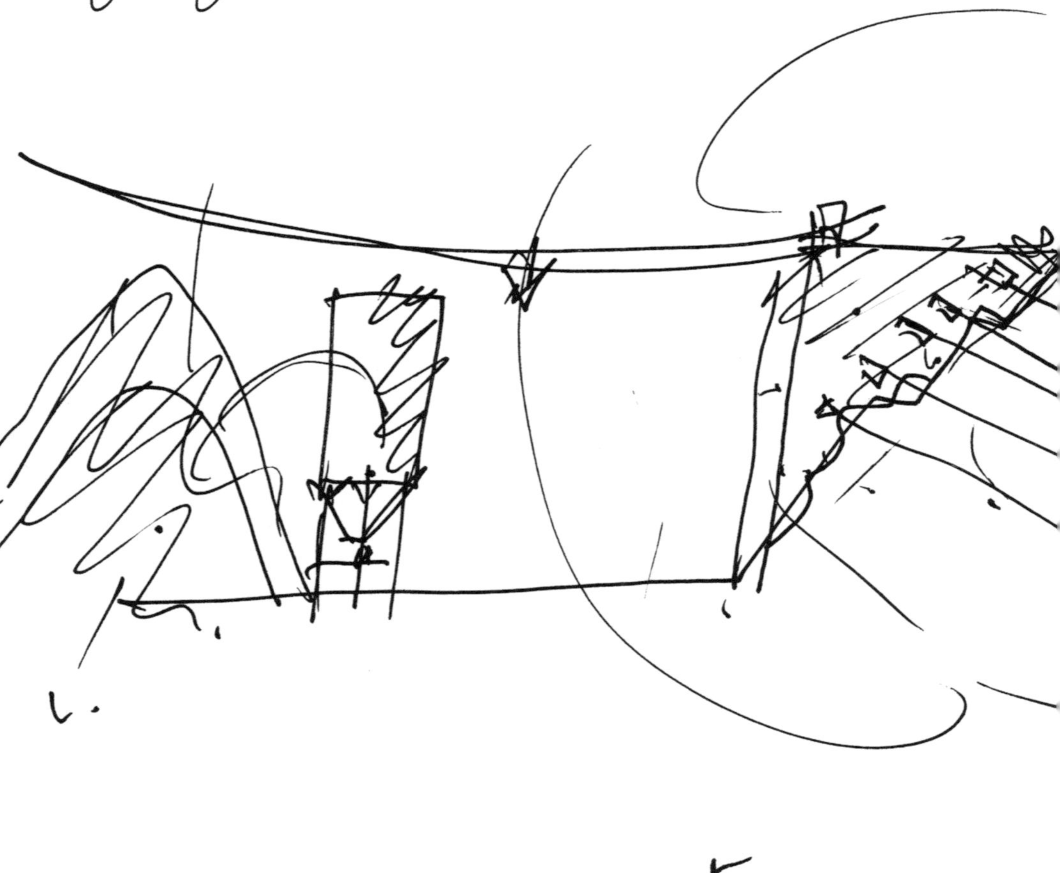

MACHABERT

1- Confirmação dos Arq. Assessores – (o levantamento pode ser um depósito à parte de instalações)

2. Confirmação do percurso do Siza.

3. "Promenade" pelo Convento

↓

"Flasaler"

↓

– Instalações de arrivistas
– falta de originalidade.
– O meu "métier não é esse"
– Em que posso ser útil como arquitecto?
– Quais são os problemas?

1º Parking – (organização ?)
2º) Restaurante
3º) W.C./Toilettes
4º) Lettering./Directório.
~~5º)~~

~~4- Percurso.~~

4a luz mediocre (fosso) — S. Bernardo a luz e a Profundidade

5- a água — S. Bernardo X 2 rivières.

6- Tema — percurso.

1) Manter a seta do Siza em [illegible] (fazer outra)

2) A rampa de entrada (drenagem)

3)

4)

4) Plataforma

a) eliminar fossa

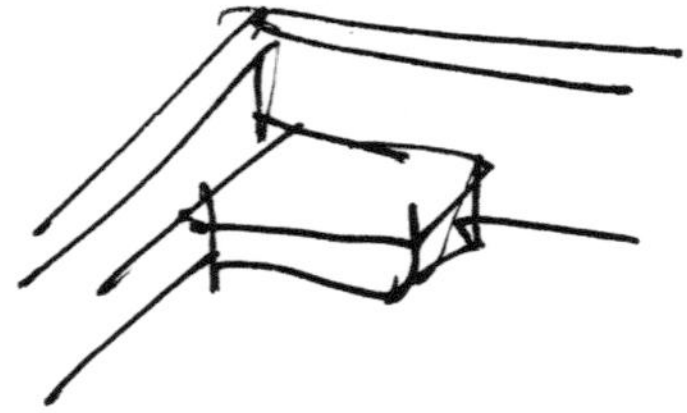

b) Recuperar a ideia do Siza do Cabo.

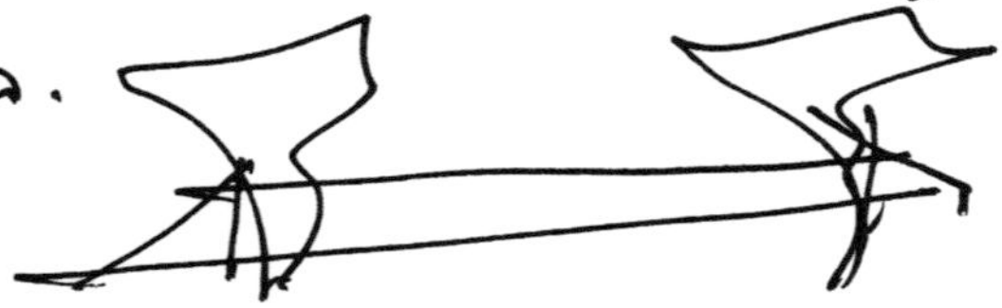

c) arranjar rampa → terra / ou em pedra.

d) redimensionar um dos arcos

f) luz da dispensa

Sim.

Claustro – Lettering.

1) Sistema geral da água / Confluam

2) O que poderá ter sido "artista enquanto jovem" ----

3) Largura / Comprimento / altura / Profundidade

2) (ensaios em 3D)

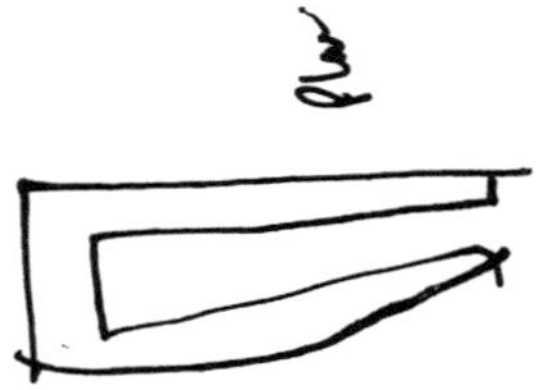
Plan

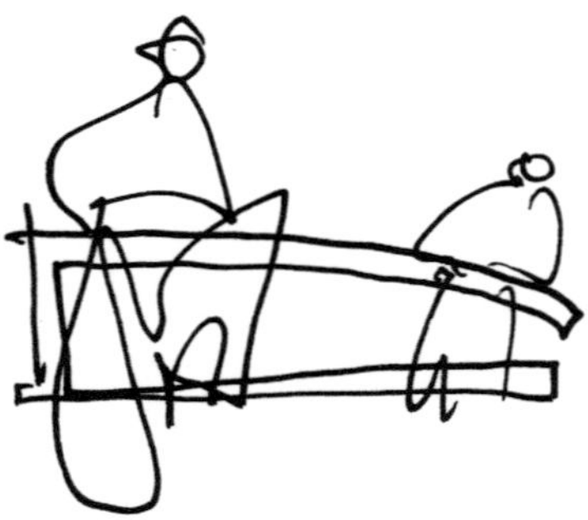

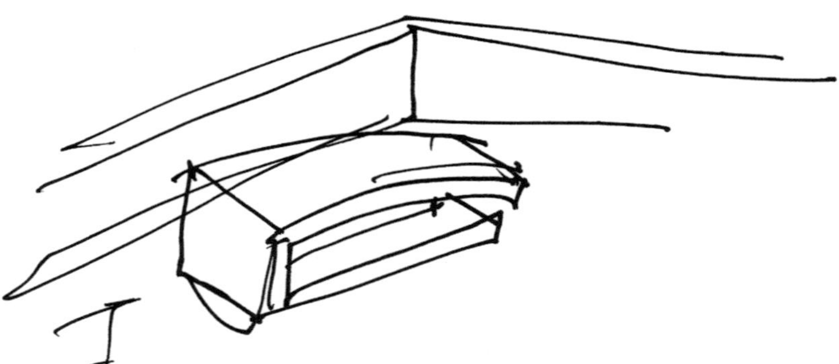

122
EGLISE
5
EGLISE

Segunda-feira

1) Entrevista Frampton.
2) " Pinho.
3) " Duarte Guerreiro.
4) " Dal Co.
5) " Moneo.
6) " Queiroz de Braga?

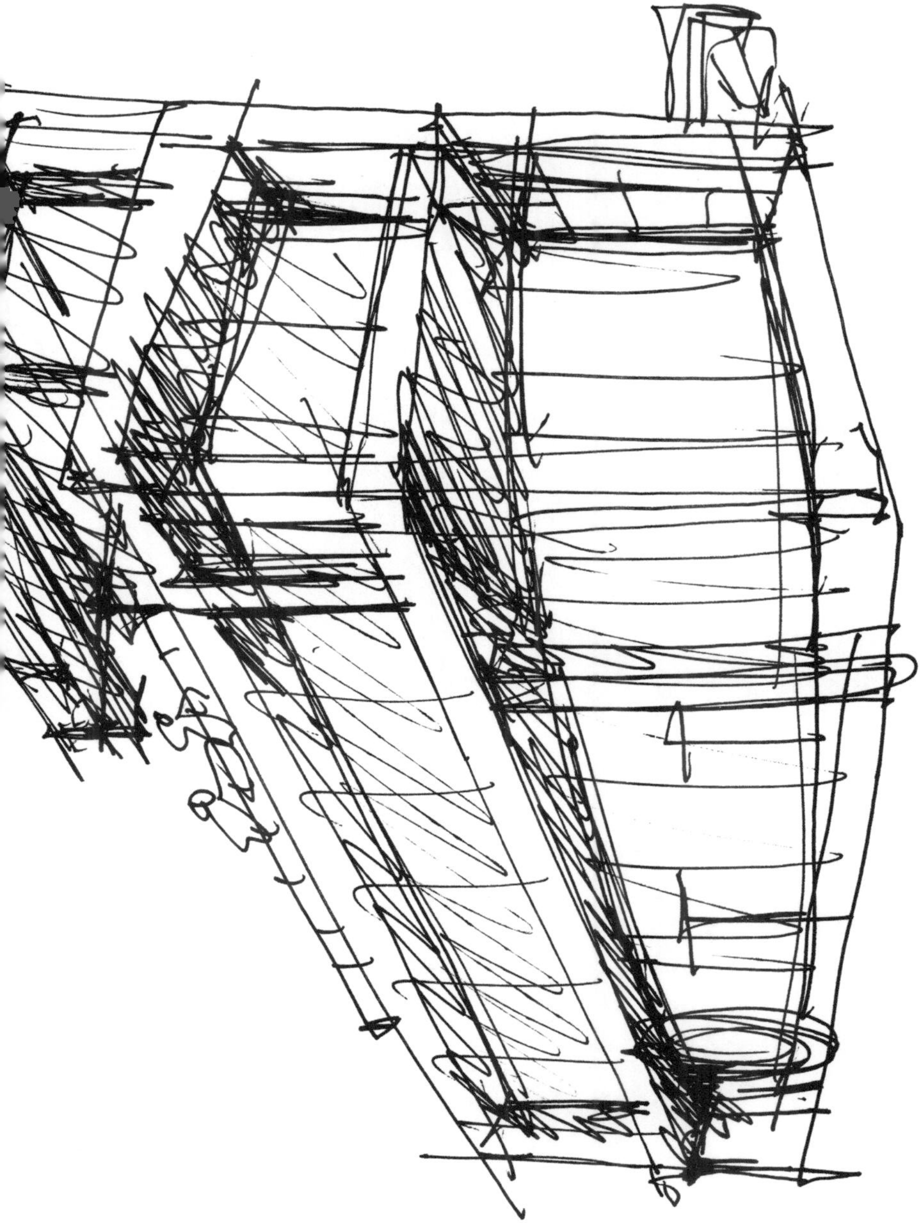

Caros Manuel e Alexandre

– Começar com Chick Corea e a "Miles Band" e acabar com o [illegible] não acontece todos os dias

– Pelo meio [illegible], [illegible], Coimbra cheia de portugueses e um português maravilhoso frágil, gentil e muito culto: o/

~~Também pelo meio a [illegible]~~

Ainda houve espaço para comprar 3 livros do Donald Judd que não conhecia e conhecer o [illegible] Parrot.

– Mais do que isso as 2 escolas [illegible] com convívio agradável de 2 escolas portuguesas. Muito agradável e bom.

– Um abraço renovando de gratidão, por poder

costa è molto Verga

que escreve nessa história

e la "Miles Band", isso já

é História.

[illegible]ho.

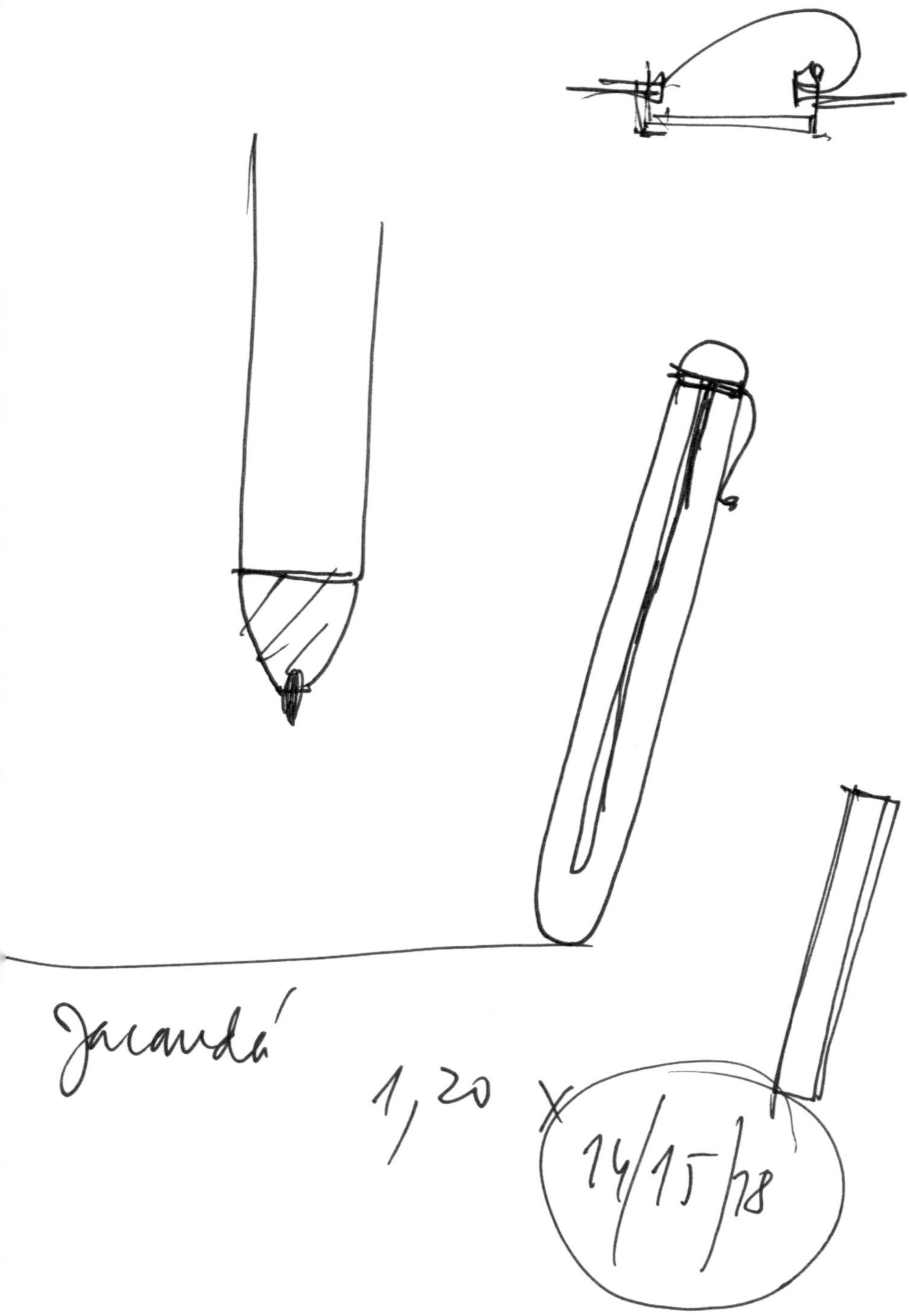

Jacarandá
1,20 x 14/15/18

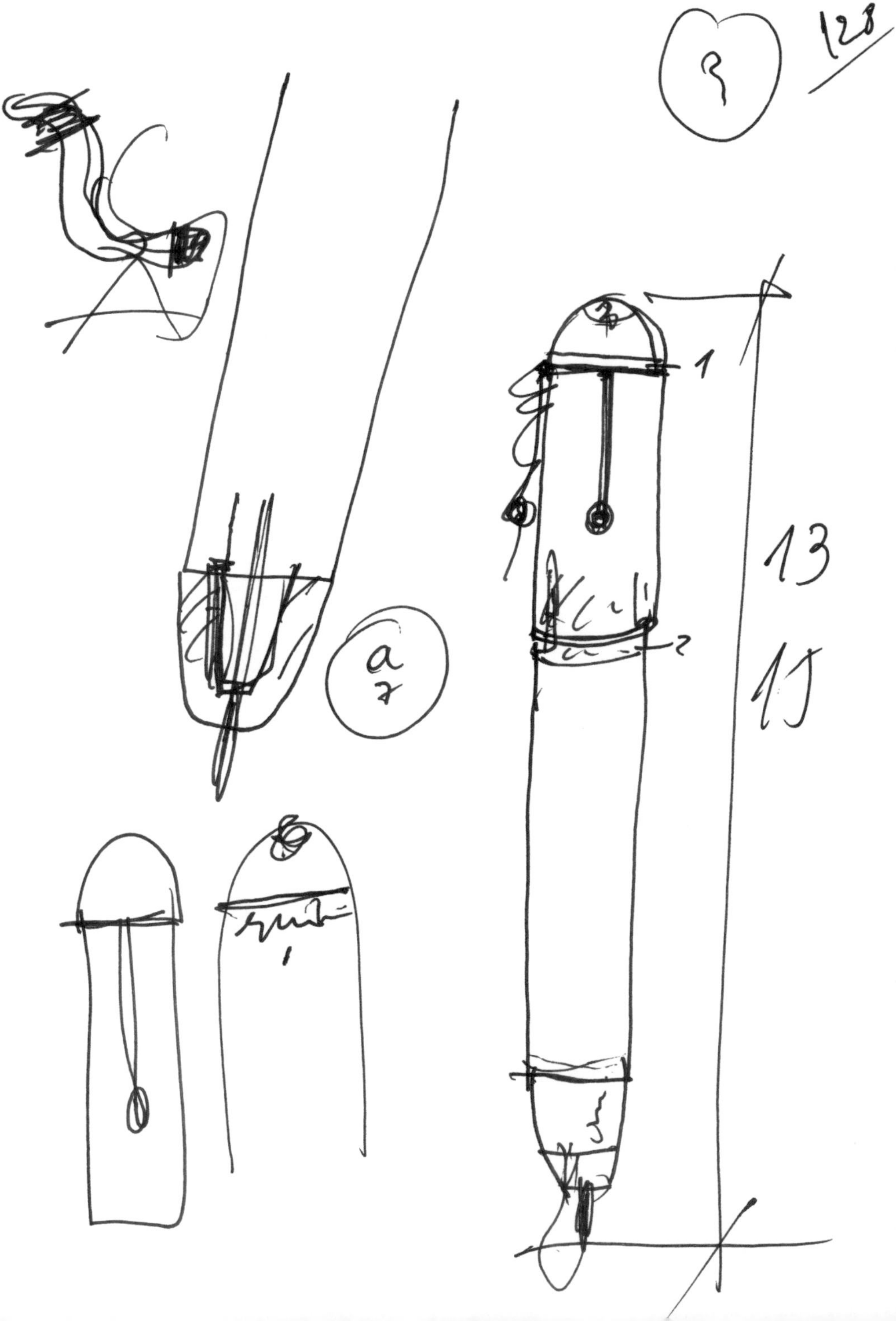
128
13

Ernesto Sangrano

1 – Luz Central 1958

2 – Para uma Cultura fascinante 59

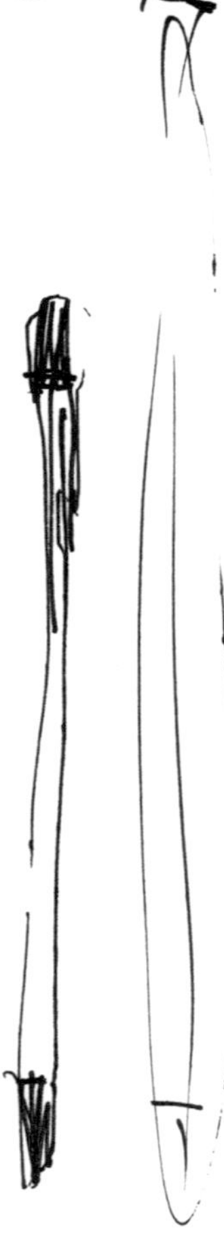

Terradas Forte

10) Luanda 11) Mogadixe

9) Ir a Mirandela

Cerca – [illegible] A (Lx) 130

1 – Lima – / Óbidos
2 – Rosa – / B.P.I.
3 – Conselho Gouveia
4 – Luís Ramos
5 – Bombeiros – (Lx – ?)

(B) – Porto

1 – Prata – 1) Mené. 2) Zeferino / Margarida
2 – Teatro E.D.P. – Figueiredo
3 – Dina / Zeca – Ana
4 – Pedro – ?
5 – Nilo – / Galantino (1) / Carlo (2) / francesa (3)
6 – Bernard – Bélgica

7 – Sameiro ?
8 – Adega de Vinhais ?

e é preciso existir a natureza outorgada às nossas violações

[illegible]

[illegible]

– Porque uma frase (projecto) trabalha na sua culpa como a paisagem trabalha na sua espessura — —

[illegible]

132

Os arquitectos empurram
os buildings com toda
a força para o meio da
terra. Assim o que dá
como sítio. Vai-se ver
os boots: não dá nada

Lobo

Ou o poema sublinhado
pela caneta atravessando
seu próprio / (impulso,)
poema repassado.

A faca não
como o fogo

City-Life / Milan - 27-11-[illegible]

1- Impluvium?

Hadada
780 €/m²

Box
5 × 6

36
44

144
14

154

150 m²

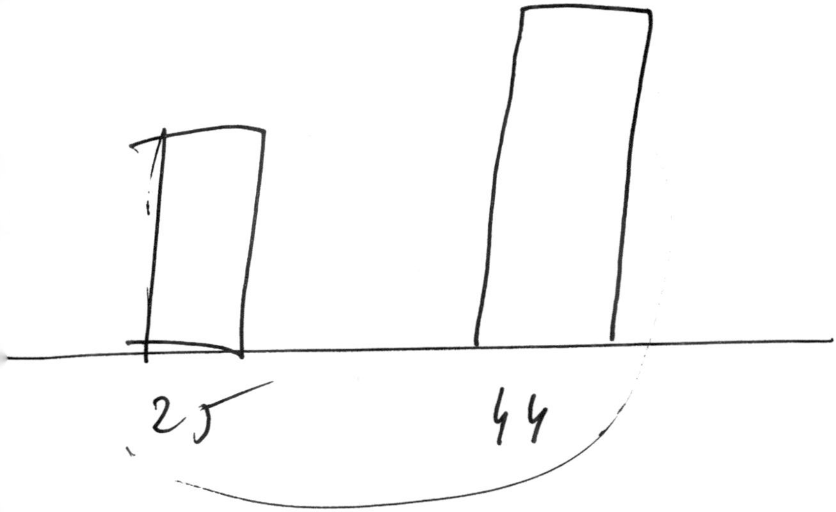

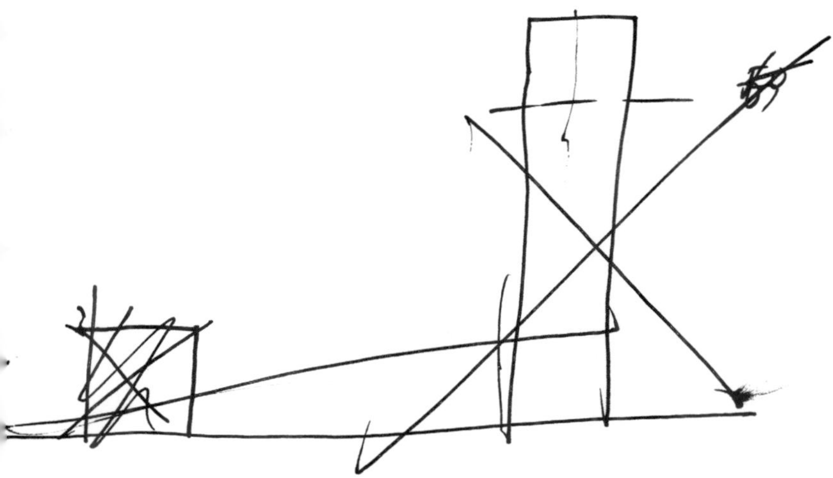

27
27 9
18
54 (9
72
120
4
2
360
360m²

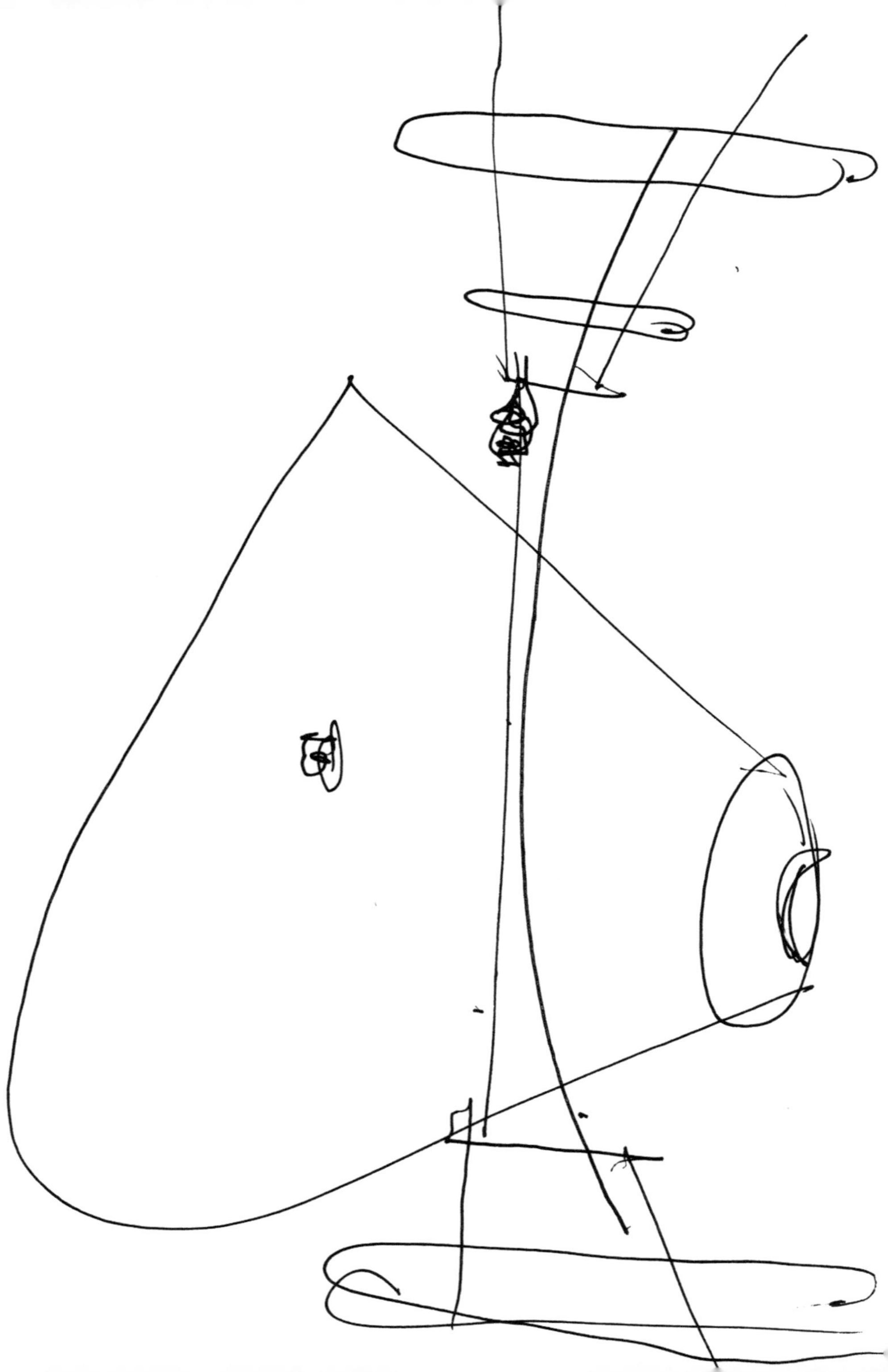

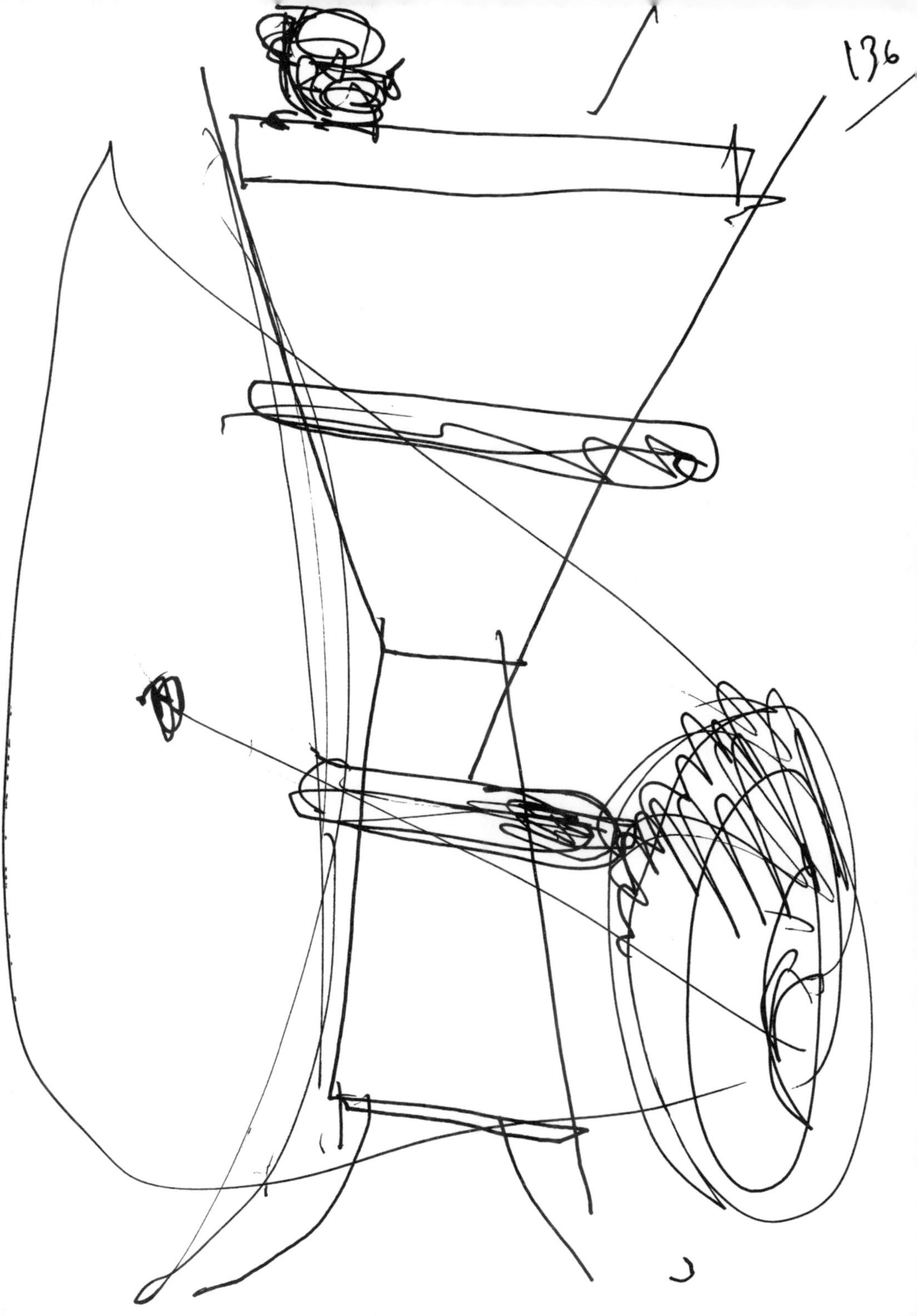
136

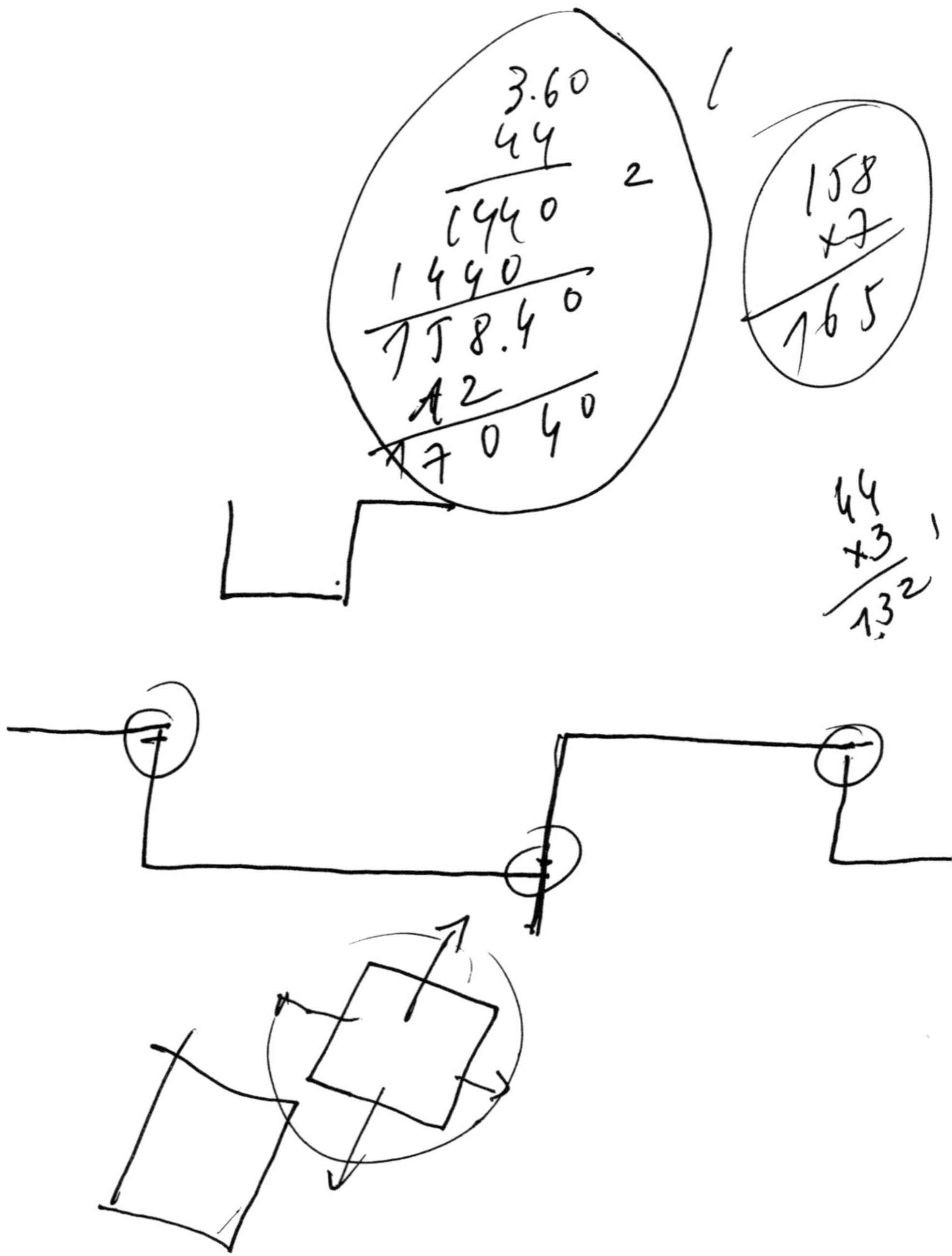
3.60
44
1440
1440
158.40
158
×7
44
×3
132

Torres → 166 m — 44 140

(1) — 2.85 — caixa / de electricidade

pé direito

1º Entrega / – Preliminare .
2º fase – Definitivo .
/ Febr.º / Março —

20 – Venerdi / Janeiro – / Renzo

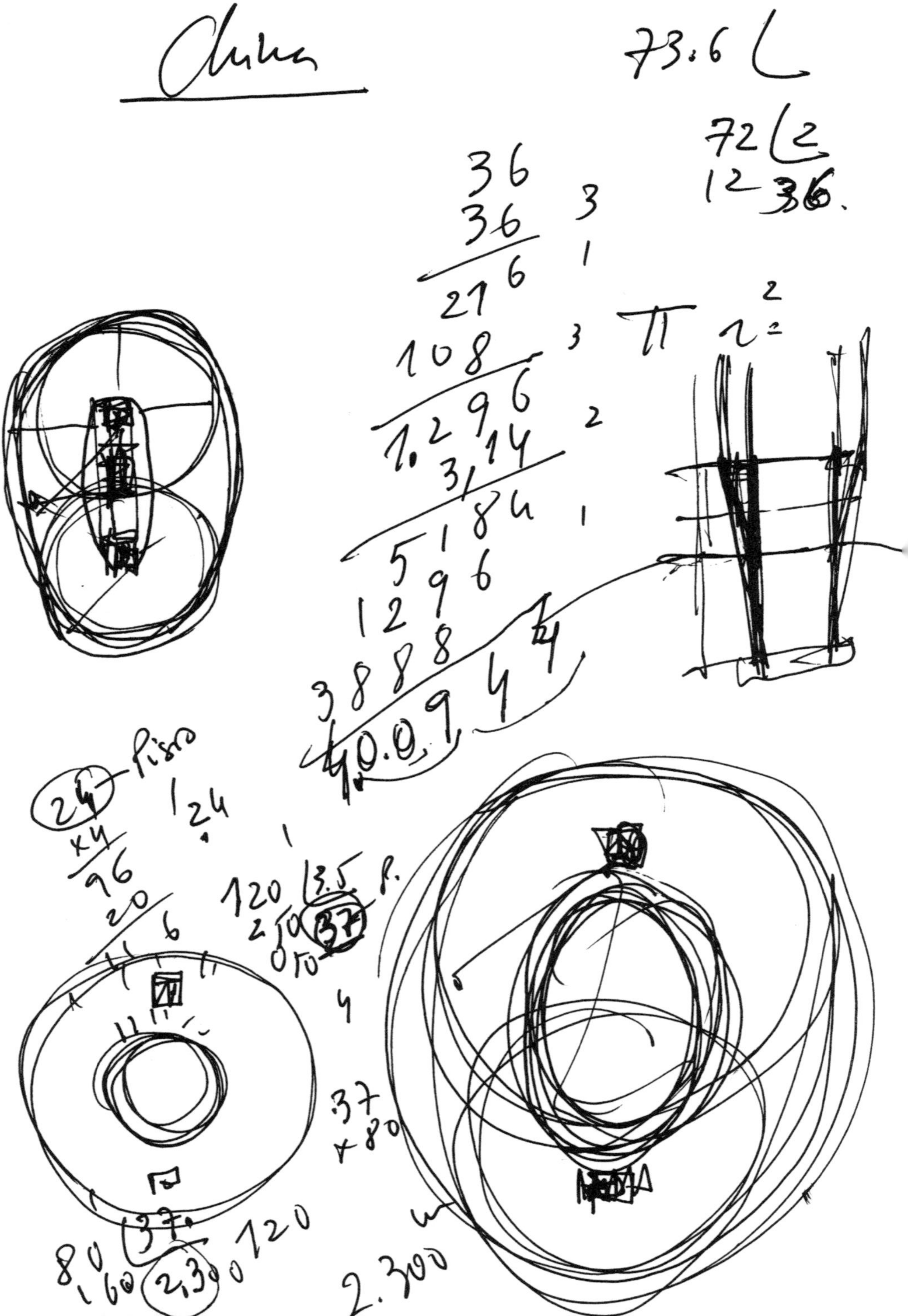

China
73.6
72
12
36
36
216
108
1296
3,14
5184
1296
3888
40.0944
π r²
24 Piso
x4
96
20
120
3.5 P.
37
37
x80
80
160
2,300
120
2.300

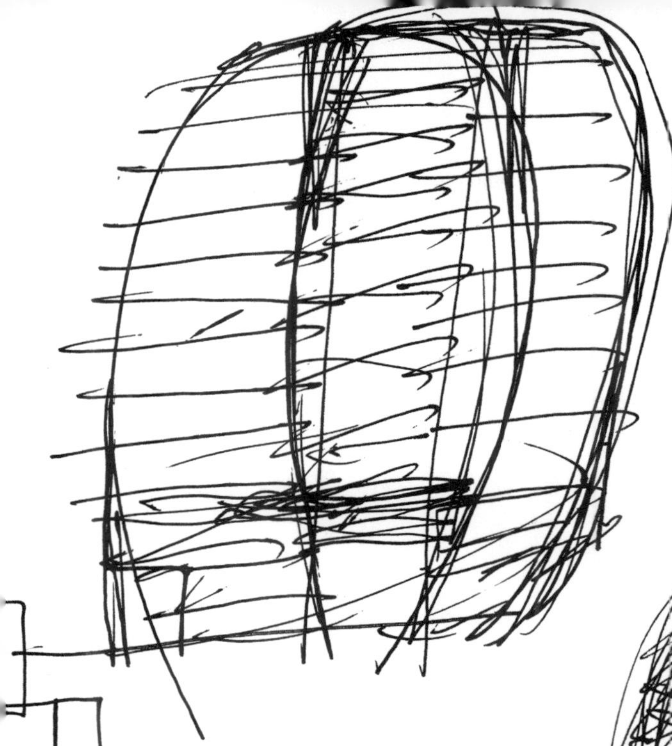

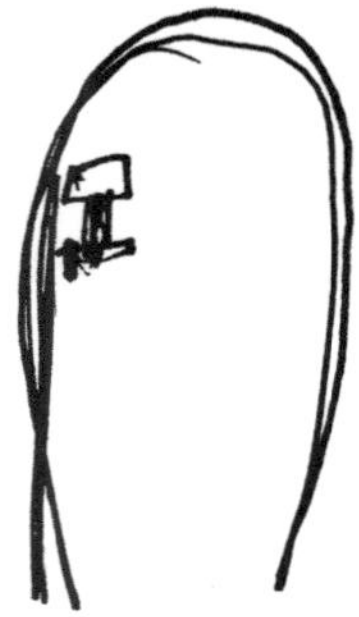

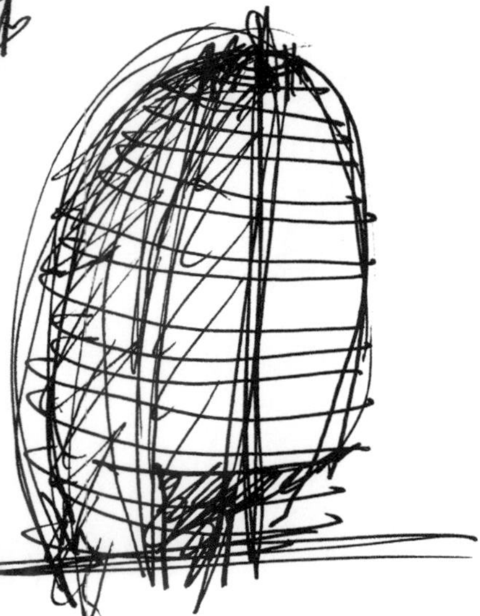

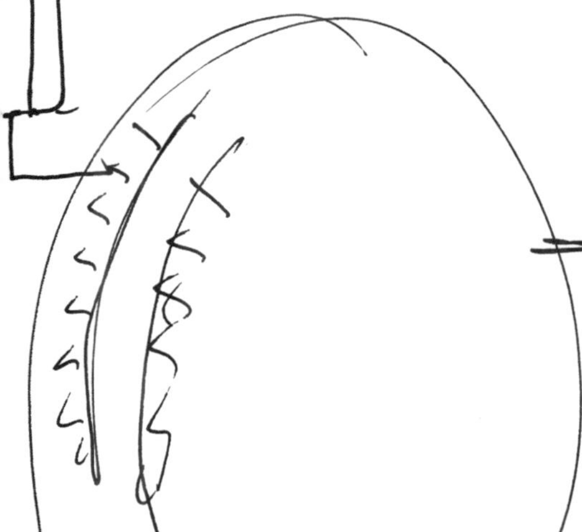

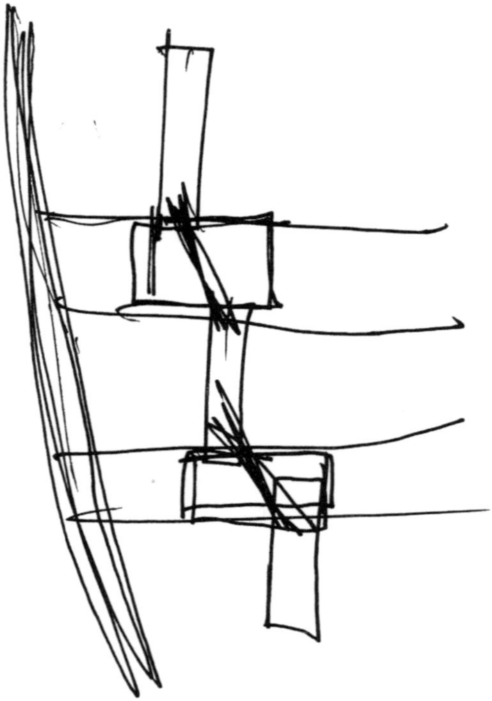

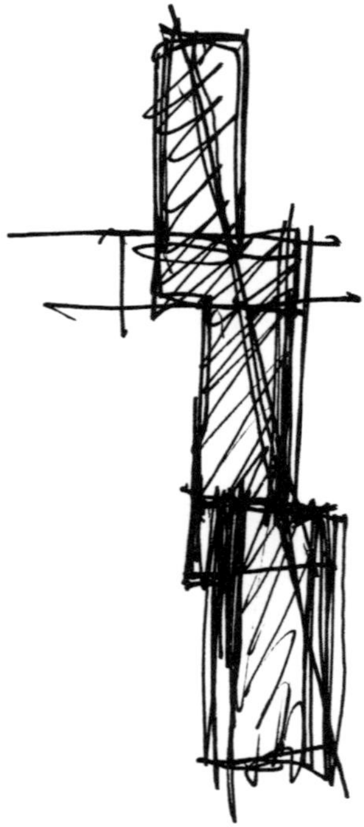

36

2.6
26

1 2

2.5
2.5
125
50
6,25

$\pi r^2 = 2.300$ | 3.14
7.300

(27) 144

30
30
900 m²

1
35
1000
35.000

40
40
1.600

35

50
50
2.500

2.500
35
12700
7500
87.700

2

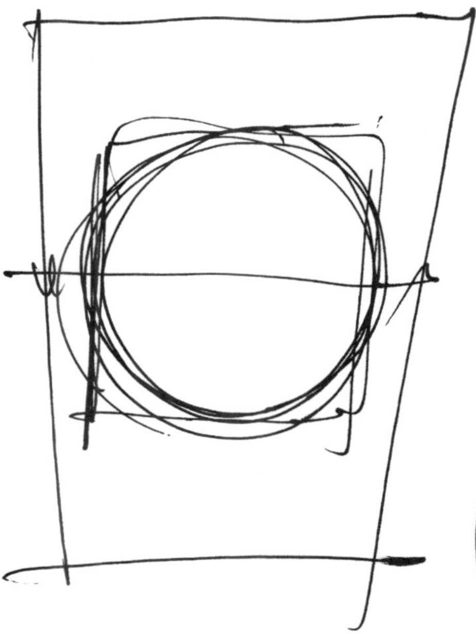

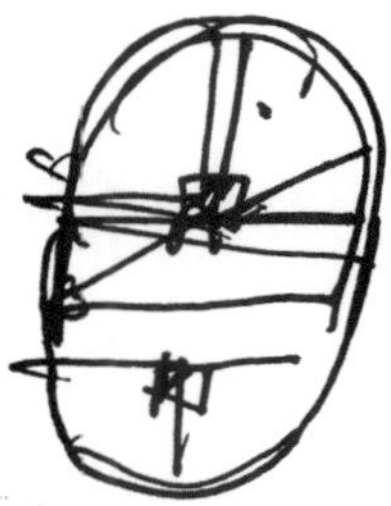

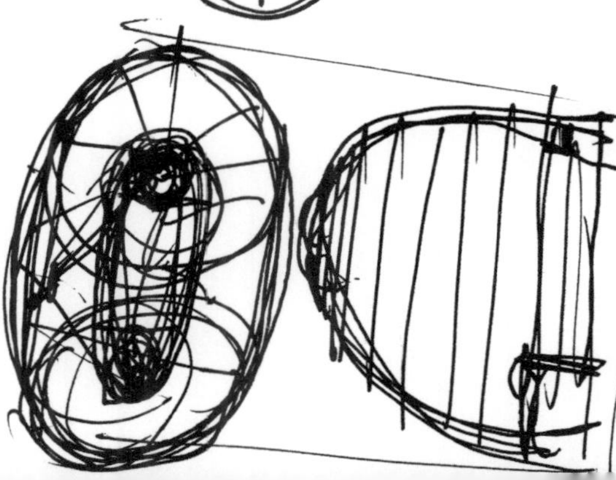

146

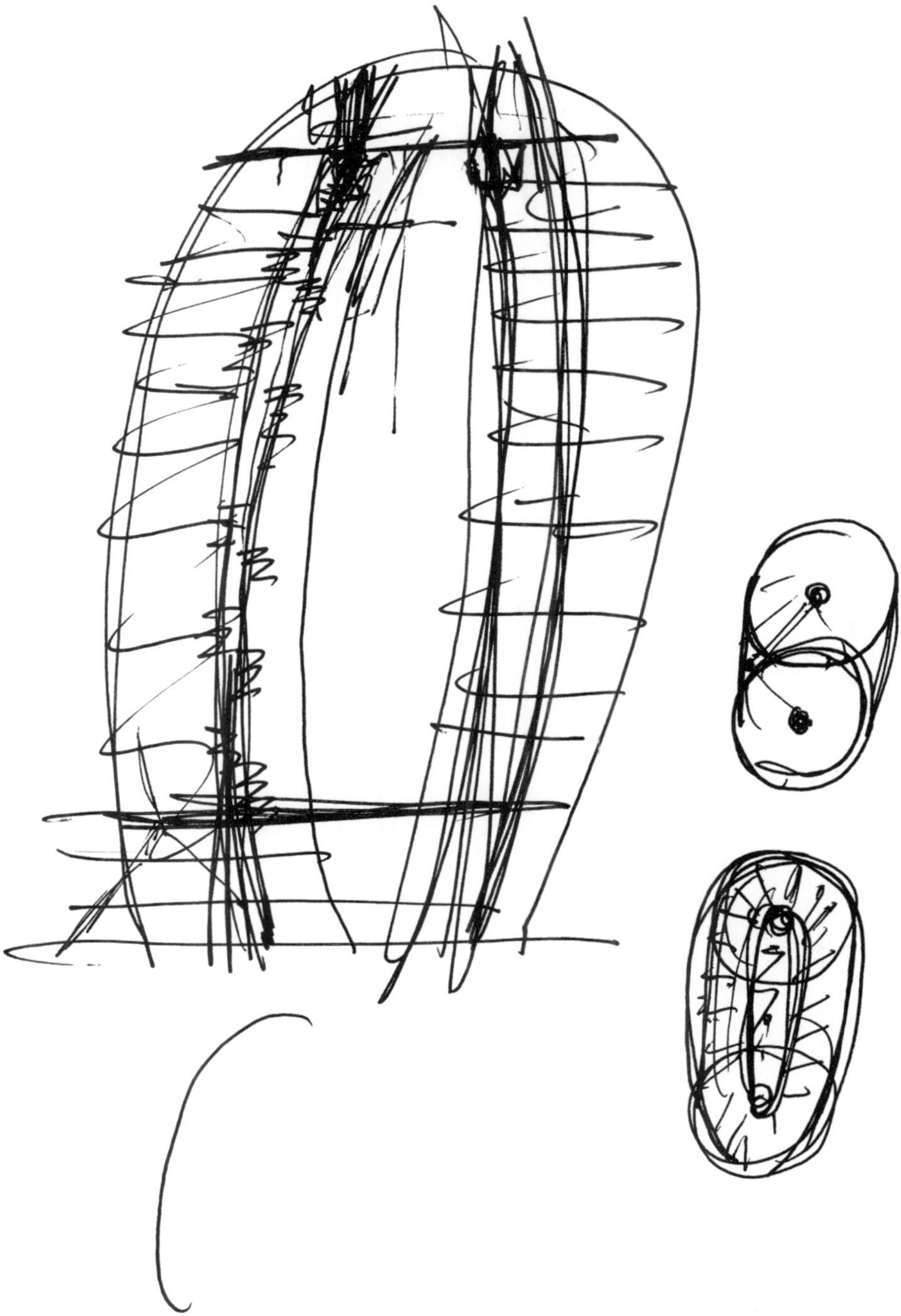

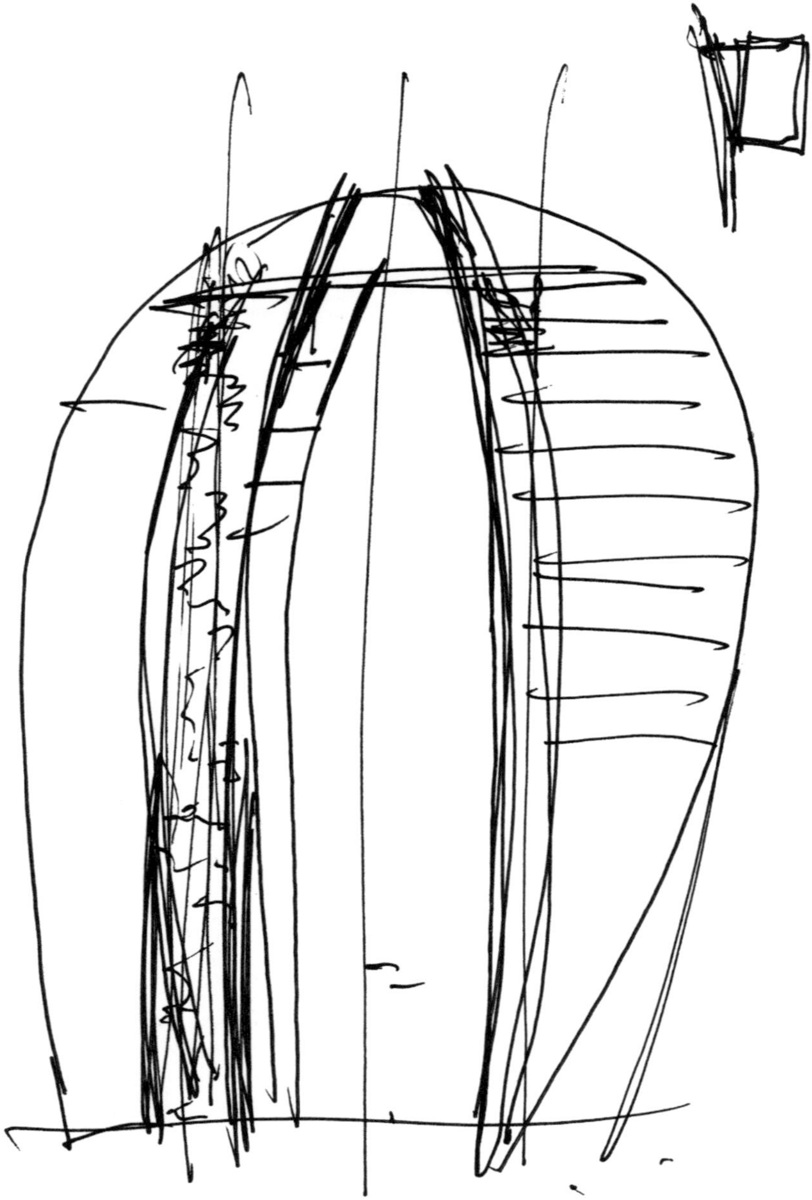

148

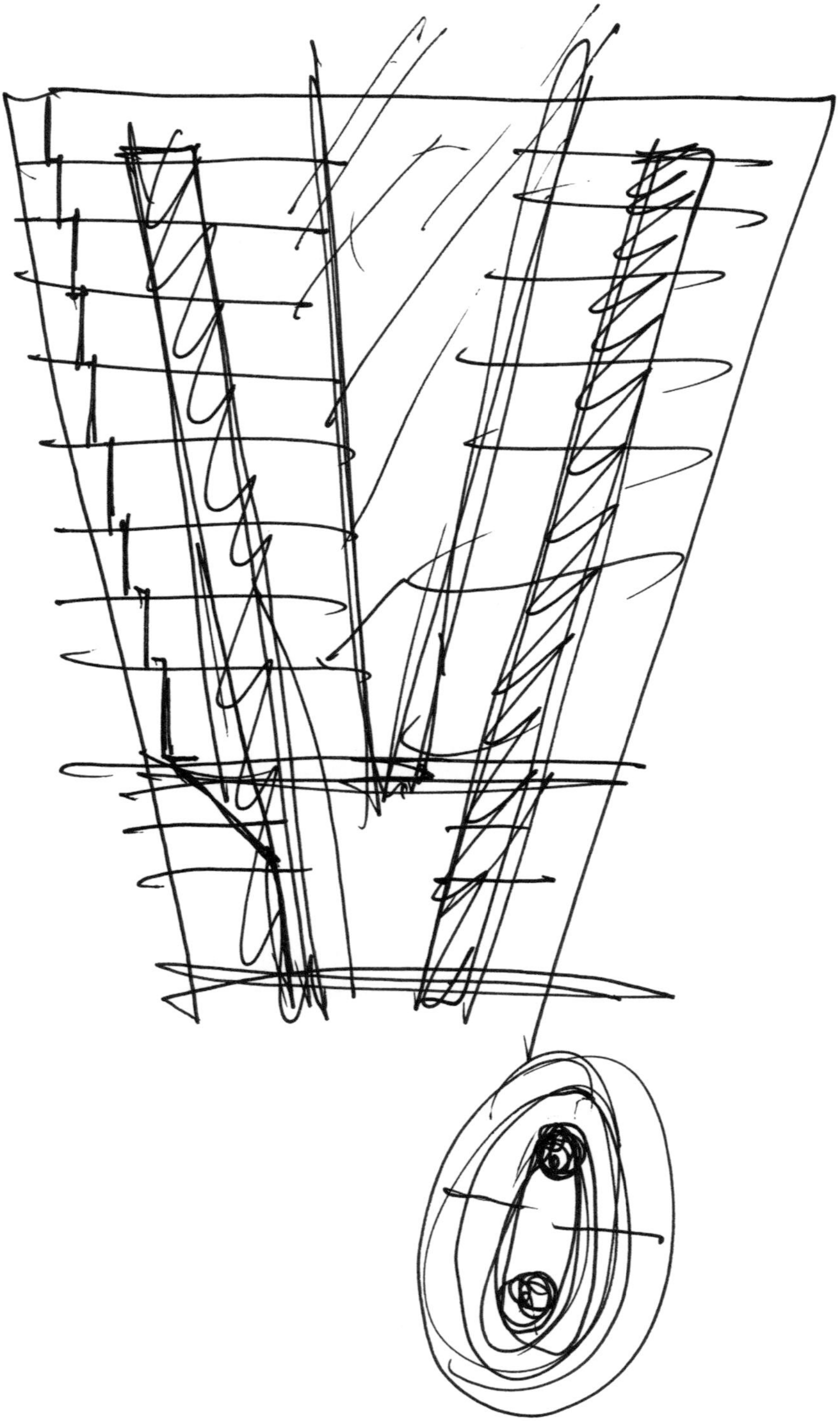

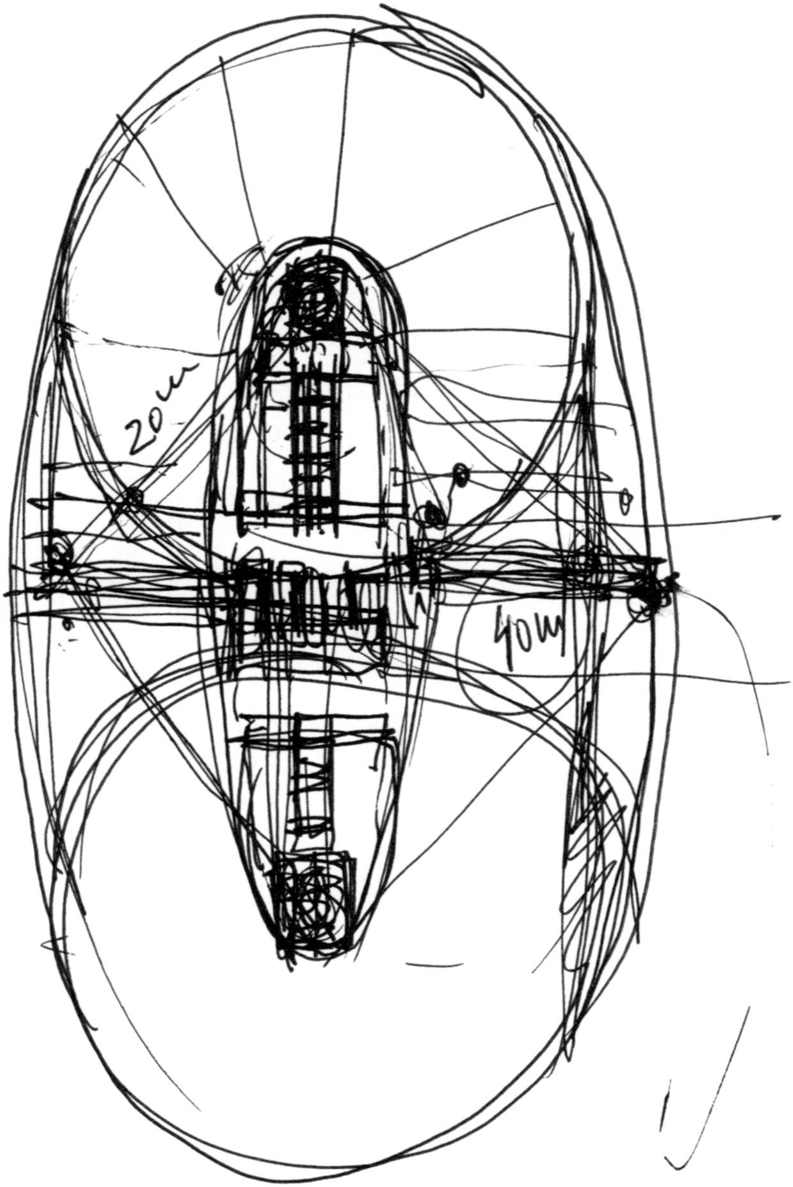
20m
40m

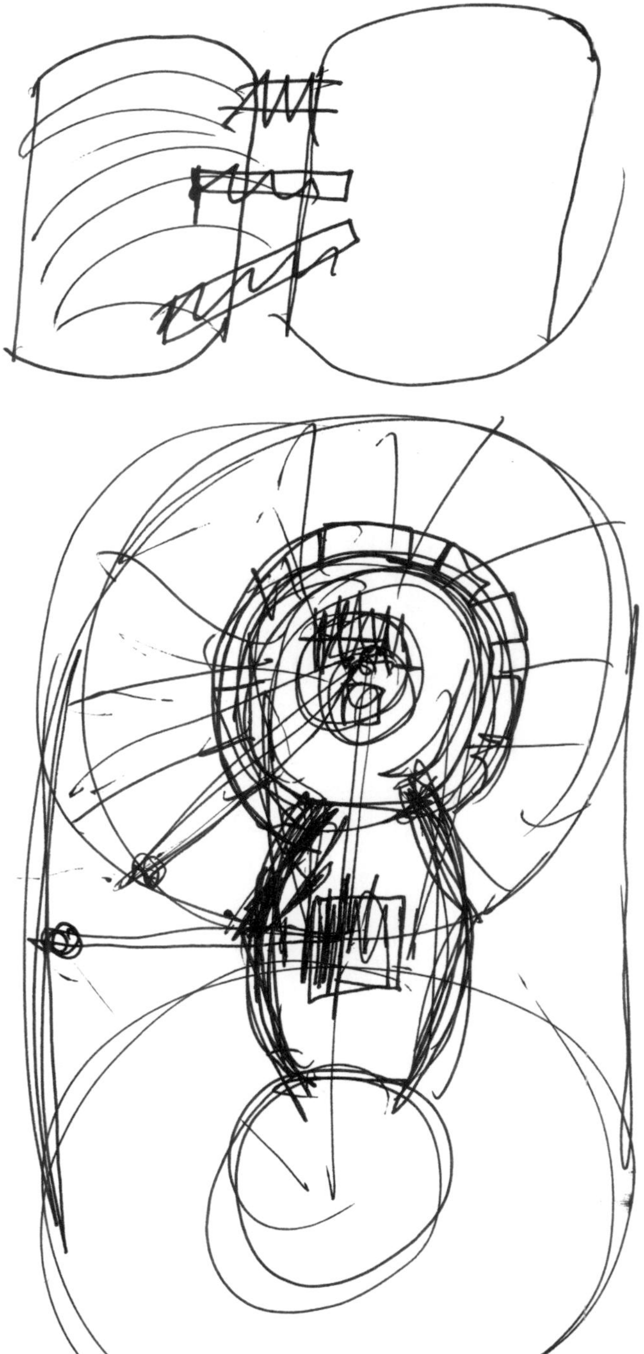

Projectos novos.

1- Leça.
2- Mirandela.
3- Milão.
4- China.
5-

Croquis

1) Maia 2 — [illegible] -1
2) Barcelona — [illegible] -2
3) Ampurdà — [illegible] -3
4) Suiça — [illegible] -4
5) Milão — ?
6) Miguel Torga [illegible]
7) Casa no Rio. ? [illegible]
8) Óbidos — ? [illegible]
9) Bernardas. — [illegible]
10) — Viana — [illegible]
11) — Famalicão. — [illegible]
12) Alentejo.

1 - ~~[illegible]~~

2 - R/C

3 - Bnd Pack

4 - ferragens

700.000 €

15 4

mínimo - 20% de vidro da área do quarto

30% - vidro

20%

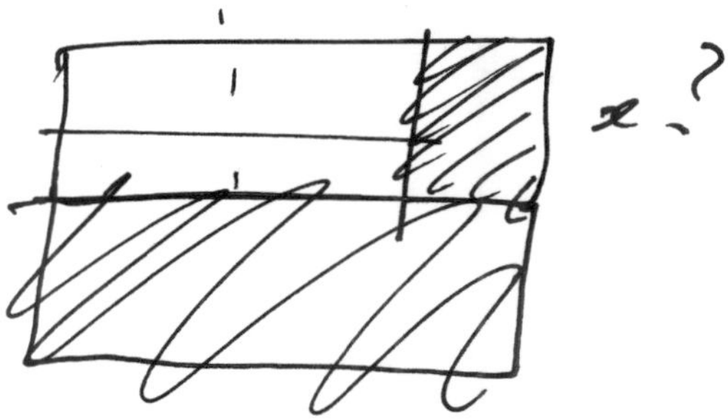

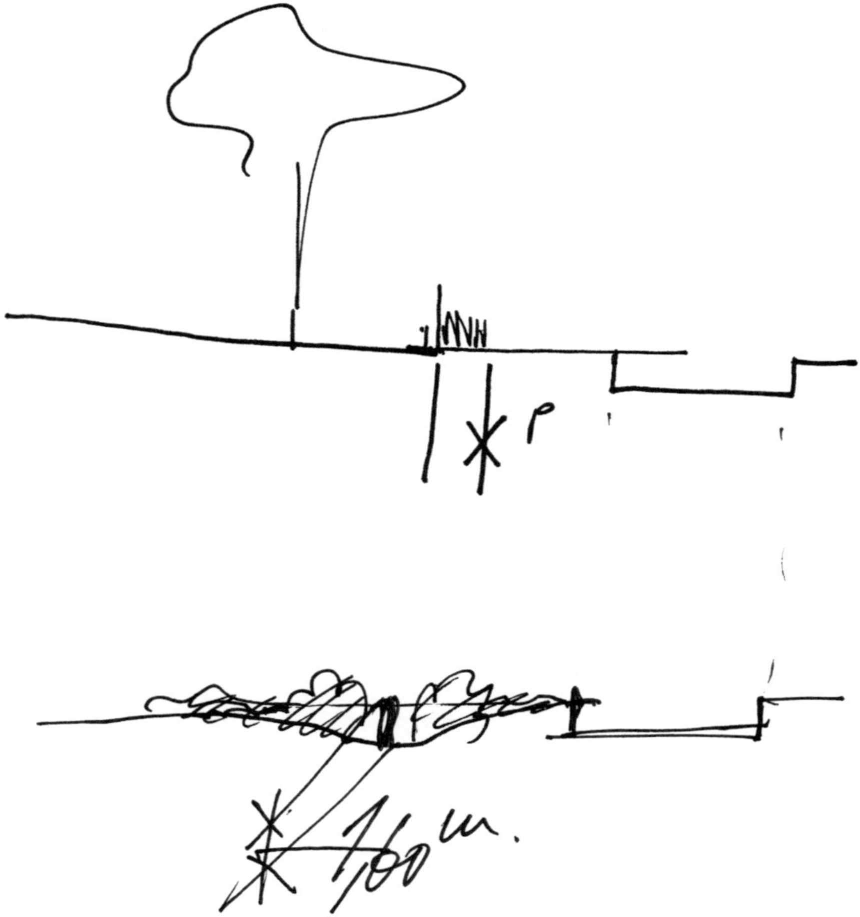
100 m.

Óbidos – 2/11/011 152

Hotel. / falar com Graça Moura.

917889680.

Q.Q.S

1. Fogão de sala.
2. Recepção em Mármore.
3. Muro da Garagem
4. Paisagismo.
5. Licenciamentos.
6. Piscina.

1.500
70%3
1.0500
1.5
3

1. Expinicostm ácido.
2. Bujardar.
3. Rampa.

1.500 – 100
30 – x
30 · 1.500
200

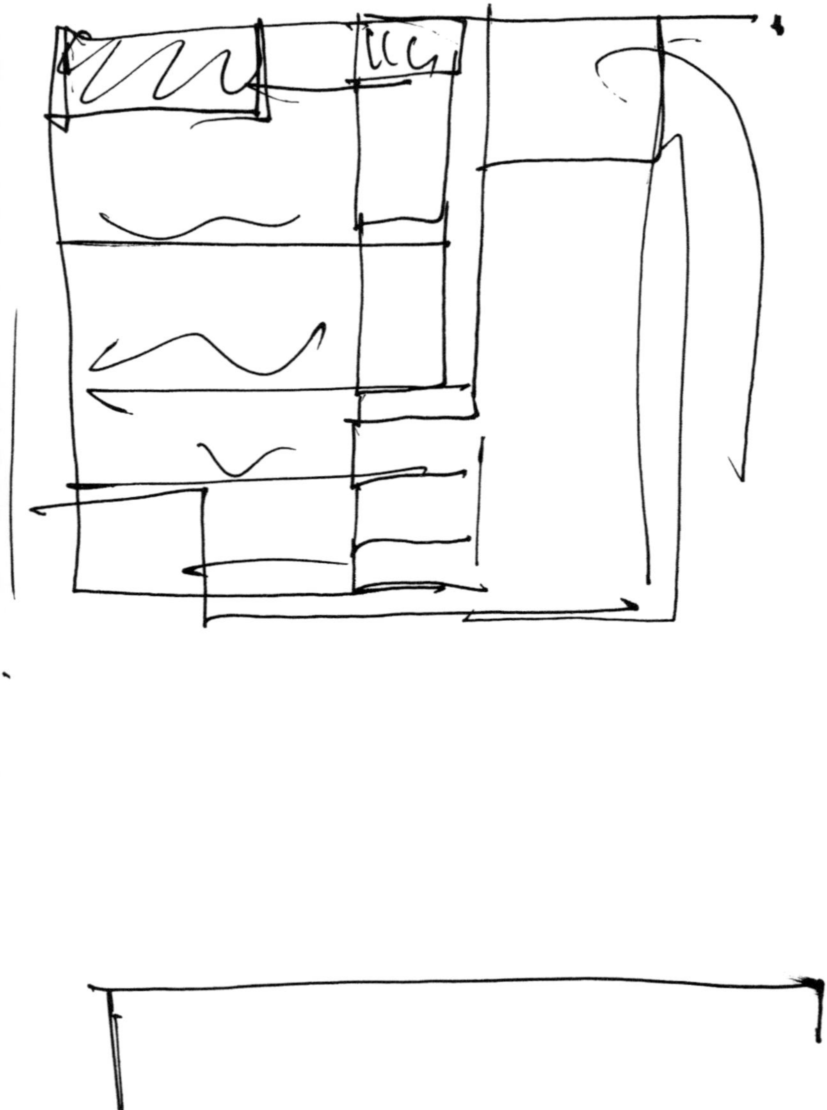

108

1 – Luís ~~Ramos~~

2 – Joana – – móveis
– objectos de prata.

3 – Esmeralda – é Brigi

4 – Bandeira

5 – Brigi

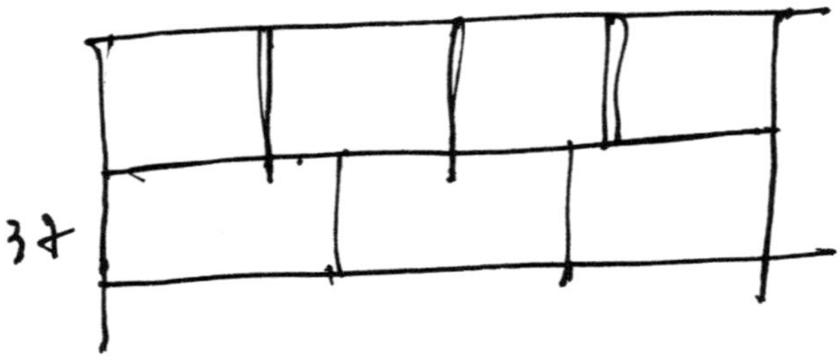
37

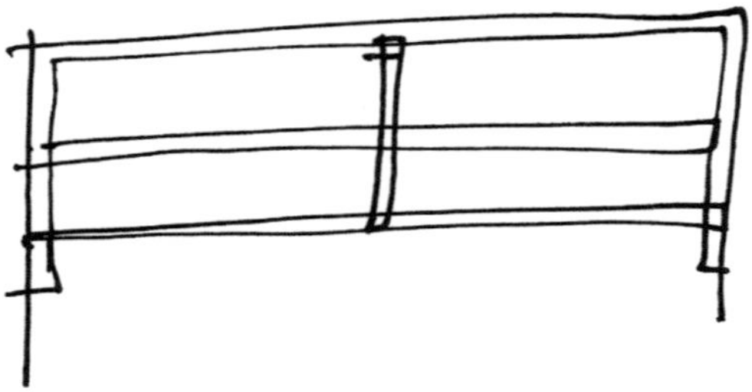

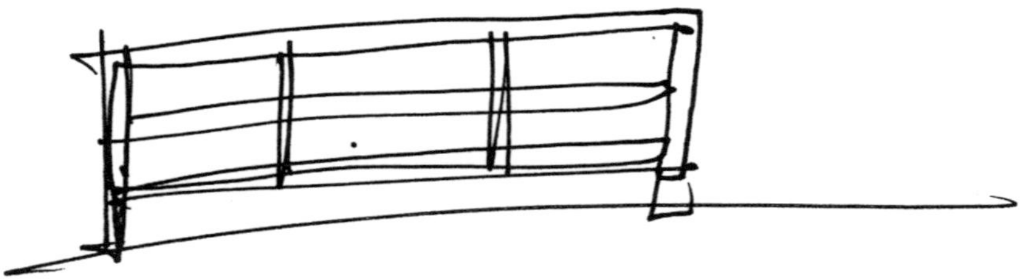

Crítica

1) Jean Louis Cohen
2) Richard Padovan
3) Mon- ? --
4) Galiano
5) Dal Co.
6) Frampton.
7) M' Fried
8) J. Rykwert.
9) Leon Krier.
10) Lampugnani.
11) Jencks.

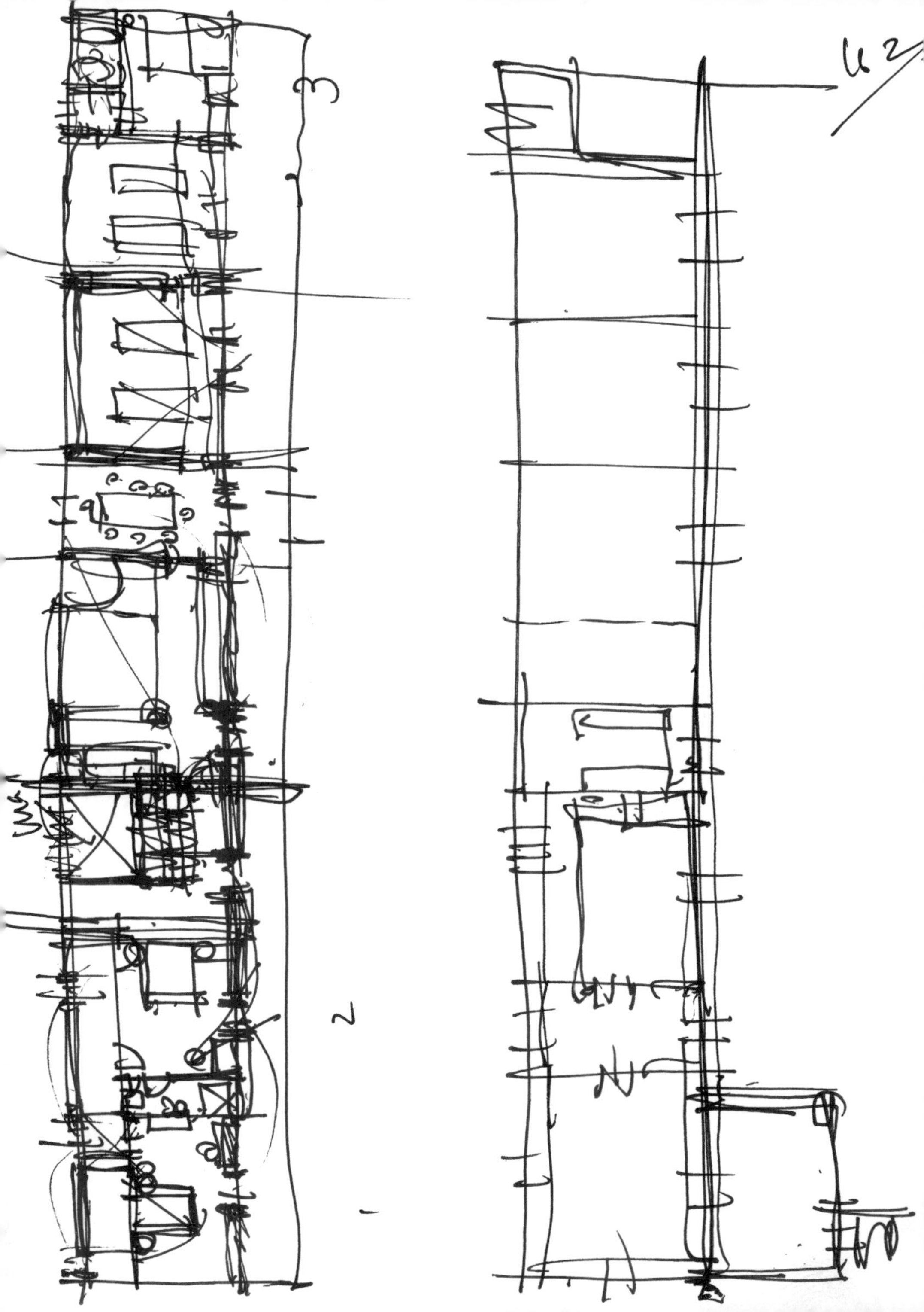

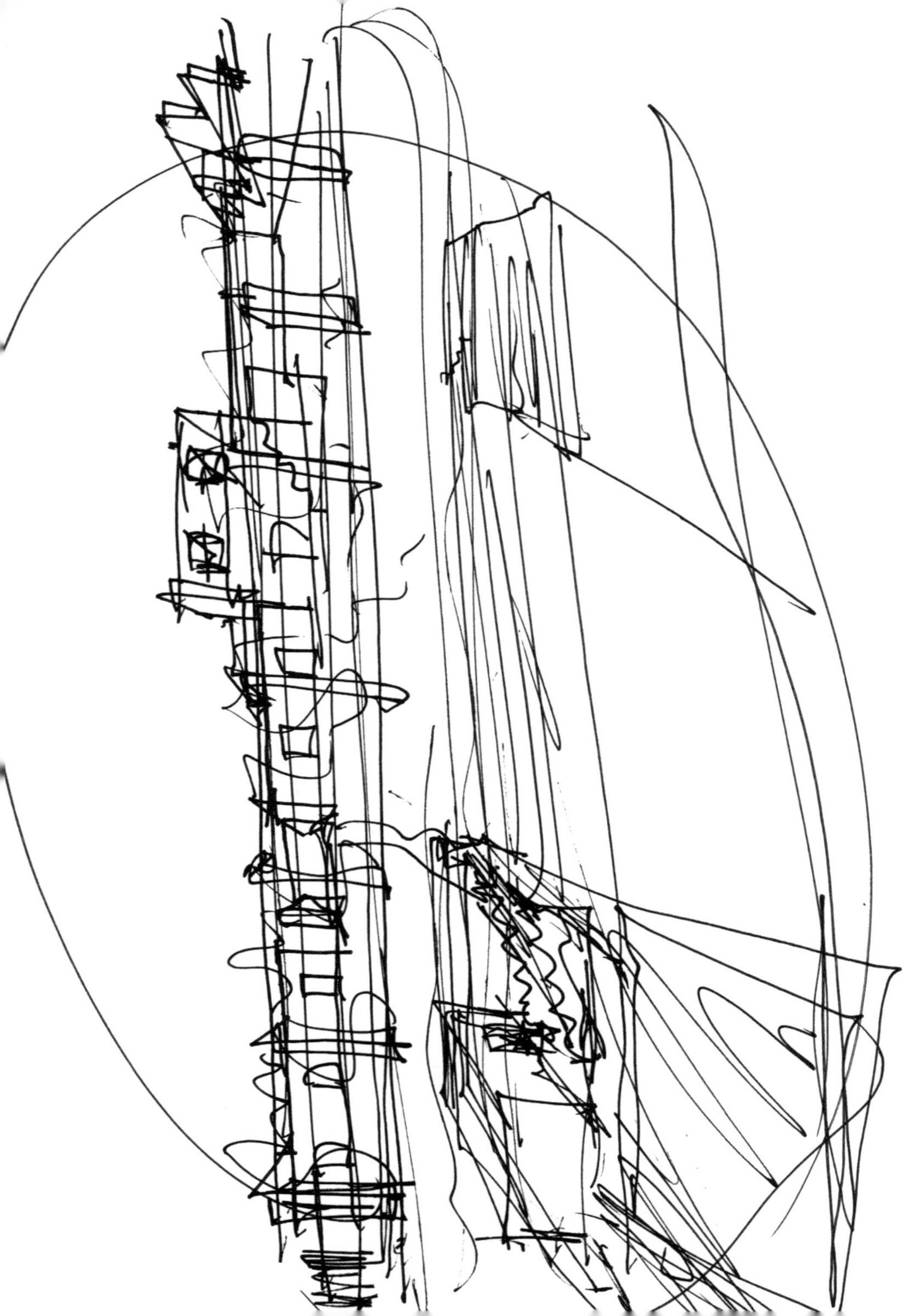

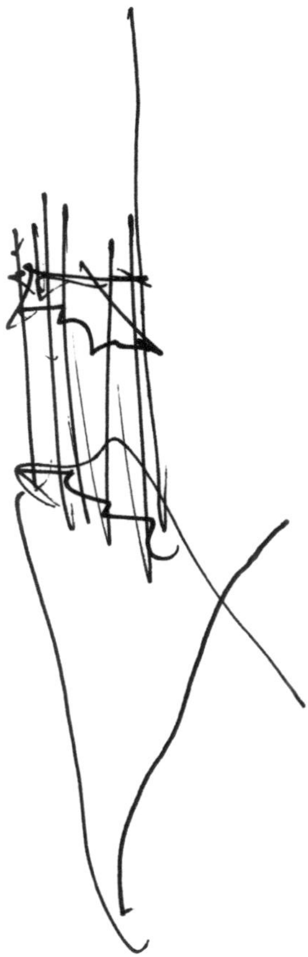

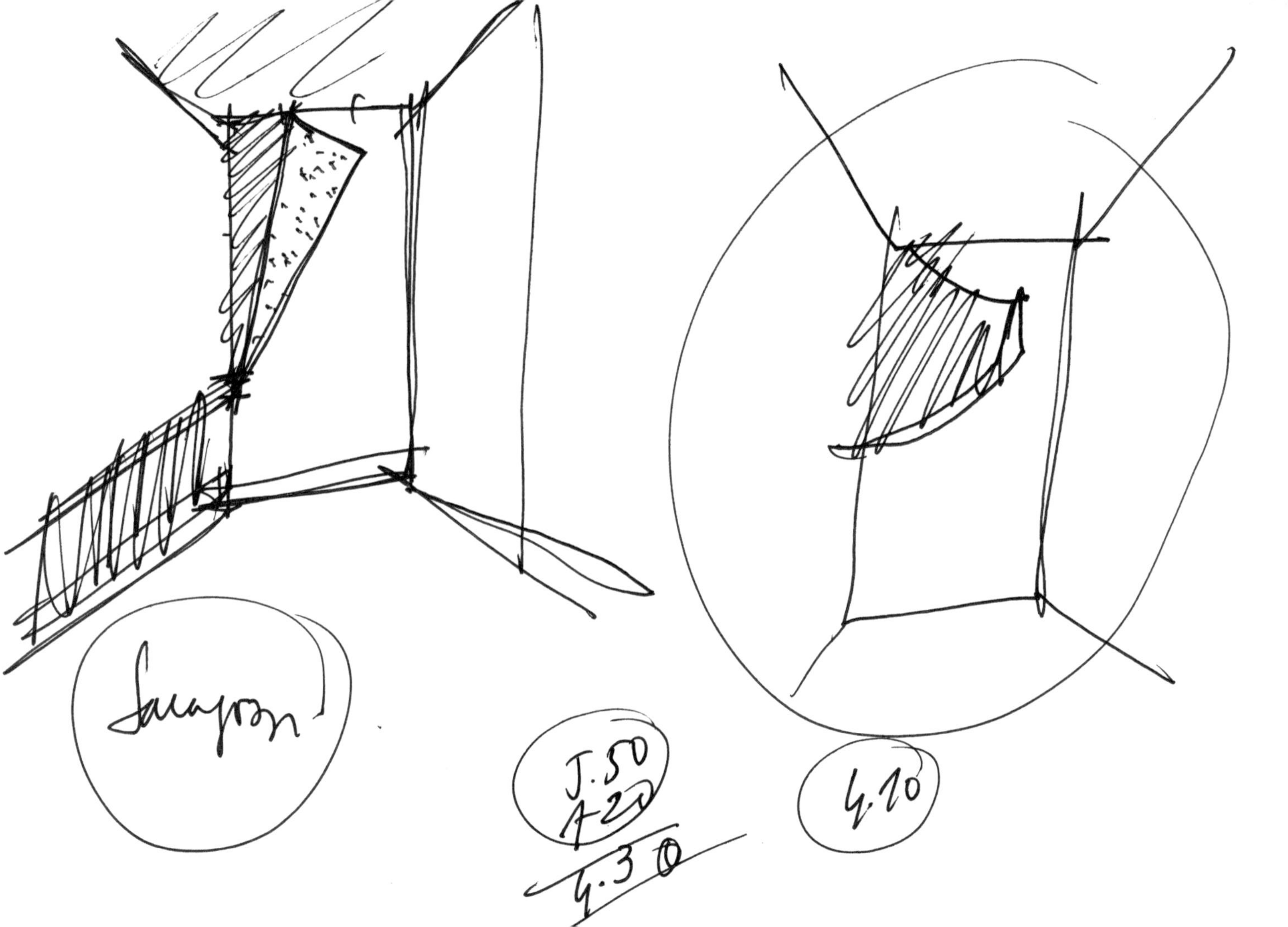
1.50
1.20
4.30
4.10

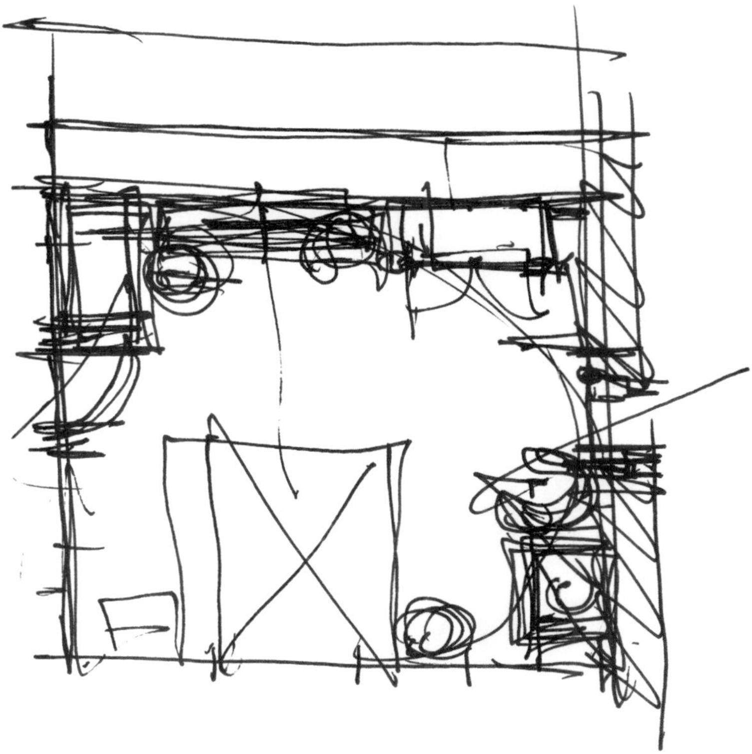

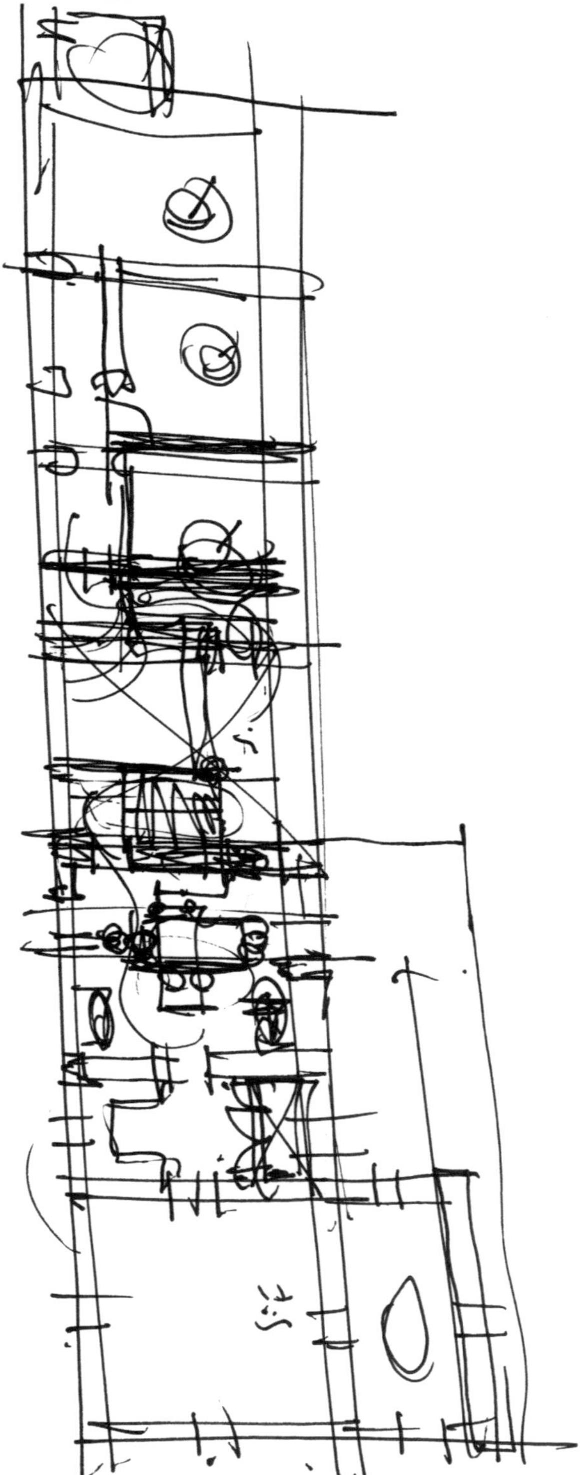

Aveiro.

- Ex.mo Sr Reitor
- Primeiro Ministro
- Ministro da Educação
- - - - - - -
- Ilustres Convidados

Foi há mais de nove anos que trabalhei sobre Campus e parti em circunstâncias desagradáveis. Não é altura para relembrar esse tempo, porque hoje é um dia de festa e sinto-me feliz ao ser homenageado, juntamente com os meus colegas por esta academia, a Universidade de Aveiro.

Mais do que o Honoris Causa, o que é importante é a causa do Honoris, o que fica e permanece.

é por isso a nossa gratidão, por esta oportunidade.

— Hoje a profissão de arquitecto e a disciplina com que nos regemos, são muito diferentes dos tempos em que trabalhávamos em Aveiro. Não vamos comparar e fazer juízos de valor, sobre se era melhor ou pior. O certo, e disso temos a certeza, é que era muito diferente.

— Hoje o projecto faz-se em metade do tempo [illegible] do orçamento e com mutação dos honorários em relação à tabela do Estado – (do Ministério das Obras Públicas);

— Hoje o projecto é mais

limitado pela legislação, 120

mais fiscalizado, mais censurado,
e o resultado é mais
cerimoniosamente ~~conservador~~
rápido e
mais imperfeito e menos rigoroso

— Hoje a maneira de projectar
é diferente, é *fast-food*,
com curto tempo de sair, viajar,
fazer concursos, e quando
ganhamos, deixam-nos fazer
fachadas! Como dizia um
amigo meu o arq. Carrilho
da Graça, hoje a arquitectura
já não envolve o que está
~~para~~ fora da [illegible] porque
isso pertence aos paisagistas
para o interior, ~~[illegible]~~
~~[illegible]~~ decoradores, ou melhor

dos arquitectos e decoradores.
Ficaram muito essas
30 cm da parede com
5 aparelhos: o de estores,
o de ar condicionado, o de
electricidade o de sonorização
e o de segurança.

— Sobre os outros muros
interiores em cartão-gesso,
o aparecimento de Markatz
decidirá conforme a opção
do cliente, caso ~~[illegible]~~ o
terreno seja habitado.
Se for escritório, ficará
um "open-space" e em
todos ~~[illegible]~~ sem
acabamentos, deixando
o investimento inicial
a quem conduzir, sabemos lá o que
eles vão querer?

— [illegible] 1
— em voo - 2
— [illegible] 3
— Saudade 4
— [illegible] 5

Com os voos - low-cost, vamos quase a todos os sítios, com poucos euros, apressados, comida fast-food, jogamos tudo nos intervalos, mas acabamos sempre por chegar. É diferente, mas chegamos.

— Chegar é já ter decidido partir e o que fazer noutro tempo com outros. Voltar e chegar diferente, com pressão, desacompanhado, inquietos para logo partir de novo

, quando? Até quando?

É esse hoje o nosso desafio, a que vamos de nos adaptar. Ainda assim

"Somos poucos, mas vale a pena comunicar. Cidades de muros de pé."

Rui Guatti, (Mandato Social)

Suporno da Serra povoado

e digo eu, já é agora. Vamos Casa.

Eduardo Souto de Moura
Sketchbook No. 76

When I first came to work for Álvaro Siza Vieira he used a black A4 sketchbook, which he still uses today. To avoid any mix-ups, my coworkers and I started buying A4 notebooks with blue covers at the supermarket. When I began teaching at the Architecture Faculty, I found that the bookstore sold an A5 version with blue covers that was more durable and easy to carry.

The publication of one of my sketchbooks was a proposition by Lars Müller to show the importance of drawing in the process of imagining and creating architecture. The volume chosen is the one I was using at the very moment we met–this explains why it is still unfinished. It is not like Aldo Rossi's *I Quaderni Azzurri* but rather an agenda in which I record and plan my professional life. We wanted to show the sketchbook uncensored, in its entirety, thus it also displays records that go beyond the purely professional level.

Porto, August 2012
Eduardo Souto de Moura

87–91 Convent of Santa Maria do Bouro, Amares, Portugal

92 Convent of Bernardas, Tavira, Portugal

94 Staircase

95–96 Auguste Choisy, history

97–98 Sounion, Greece and Segesta, Italy, Greek temples

99 Explaining a critical debate with Fernando Távora about the Miragaia district in Porto

100–104 Barrocal, Alentejo, Portugal

105–106 Grão Vasco Museum, Viseu, Portugal

107–108 Explaining the structural system of the towers of La Pallaresa, Santa Coloma de Gramenet, Barcelona

109 Fábrica Robinson, Portalegre, Portugal

110 Schréder luminaires, Valença, Portugal

111–112 Housing in Guérande, France

113–116 Braga Stadium, Braga, Portugal

121–122 Le Thoronet, France

124 Office and commercial building in the Avenida da Boavista, Porto

127–128 Design for a pen

134–138 CityLife, Milan

141–152 Two towers, Zhengzhou, China

159 Furniture

161–163 House, Soutelo, Braga, Portugal

165–166 Detail of a house painting, Cantareira, Porto

167 House, Soutelo, Braga, Portugal

Eduardo Souto de Moura was born in Porto, Portugal, in 1952. He studied architecture at the School of Fine Arts in Porto, receiving his degree in 1980. From 1975 to 1979 he collaborated in the architectural practice of Álvaro Siza. From 1981 to 1991, he was assistant professor in his alma mater, and later began to serve as professor in the Faculty of Architecture in the University of Porto. Own office in Porto since 1980. In 2011 Eduardo Souto de Moura was awarded the Pritzker Prize.

My selection of architectural sketches and sketchbooks, published here in faithful reproductions, goes back to my fascination for the process of designing architecture. The quickest way to envisage an imagined idea is by hand. A drawing translates and visualizes thoughts with unique, inimitable immediacy.

Eduardo Souto de Moura considers the sketchbook to be “an agenda” in which he records and plans his professional life. For Sou Fujimoto the act of sketching is like a dialogue with himself. With the contemplative concentration of a calligrapher, Wang Shu sketches out his buildings in meticulous detail. And for thirty years Steven Holl’s watercolors have formed the nucleus of his architectural œuvre.

All of these architects, whose work I especially admire, live according to a credo very aptly formulated by Louis Kahn: “Drawing to find out.”

Lars Müller

Eduardo Souto de Moura
Sketchbook No. 76
September 2011–January 2012

Production: Integral Lars Müller
Paper: PlanoArt, 150 g/m², and
Gobi Design Recycling, 100 g/m²
Printing and binding: Kösel, Altusried-Krugzell, Germany

Lars Müller Publishers
Zürich, Switzerland
www.lars-mueller-publishers.com

ISBN 978-3-03778-312-2

Printed in Germany

Wang Shu – Imagining the House
ISBN 978-3-03778-314-6

Sou Fujimoto – Sketchbook
ISBN 978-3-03778-327-6

Steven Holl – Scale
ISBN 978-3-03778-251-4

Louis Kahn – Drawing to Find Out
ISBN 978-3-03778-221-7

Marc Barani

contact@atelierbarani.com

~~04~~ +33 4 93 51 08 10

→ +33 6 09 90 36 09 mobile

27 Boulevard Joseph Garnier

06000 NICE

---

17 – ~~18~~

18 – ~~17~~

19 – ~~18~~

20 – ~~19~~ — Remise en ~~Lx~~ – ~~City~~ Life.

21 – ~~20~~

22 – D

~~23~~

24

25

26

27